吉林省社会科学基金项目
"中国式现代化视阈下共同富裕思想研究"（2023C15）

吉林大学基本科研业务费"研究阐释党的二十大精神"专项项目
"马克思现代性批判视阈下人类文明新形态研究"（SKX2022046）

马克思需要理论研究

马晶晶◎著

人民出版社

前　言

　　"需要"作为人类自我认识史上的一个基本范畴,在人的发展与社会的发展过程中占有重要地位。马克思之前的诸多学者从不同角度出发,对人的需要展开研究,但是出于各式各样的原因,他们并没有形成对人的需要问题的正确认识。马克思立足唯物史观,以政治经济学的经验事实为基础,从现实的、具体的人的需要出发,通过考察需要与人的本性、人的本质、社会生产、人的发展的关系来分析和论证需要的产生、发展及其满足,最终形成了关于人的需要的正确认识,实现了哲学史上人的需要理论的革命性变革。

　　当前,随着新时代我国社会主要矛盾的转化,人民在经济、政治、文化、社会、生态等方面的需要逐步增长,人民的需要层次更加丰富、结构更加立体,人民在各个方面的更高层次的需要问题也越来越受到党和国家的重视。在社会主义现代化建设的进程中,我国推动高质量社会生产的目的就是更好地满足人民不断增长的美好生活需要。因此,在新时代,重新审视马克思需要理论在21世纪的地位,并以马克思需要理论为指导来理解、把握、分析、解决与人的需要相关的问题,探究如何更好地满足人民群众的多样化、高品质需要,建构让人民群众满意的美好生活,是一个亟待阐释的当代中国化马克思主义的议题。

　　马克思需要理论具有丰富内涵和深远意蕴,研究这一理论,既要全面准确领会其形成的时代背景、理论渊源、理论体系和实践要求,又要深刻把握贯穿其中的马克思主义立场、观点和方法。本书旨在通过阅读马克思各个时期的相关经典文献,梳理马克思需要理论的形成与发展历程,探究其主要架构,分析其对以往需要理论的革命性变革及其在当代产生的理论回响,并发掘马克

思需要理论的价值意蕴。具体而言,除绪论外,主要分为以下几个章节:

第一章,探索马克思需要理论产生的现实背景与思想渊源。理论是时代的产物,任何理论的产生都有特定的现实背景和一定的思想渊源,都是按照时代要求和逻辑结构而形成的系统的理论体系。就现实背景而言,马克思需要理论是在资本主义社会化大生产发展创造出了丰富的物质财富、资本逻辑对人的操控愈发严重、无产阶级为满足生活需要只能奋起反抗的现实背景下产生的。就思想渊源而言,马克思需要理论是在总结前人研究经验的基础上形成的,其思想主要来源于德国古典哲学中的形而上需要思想、英国古典政治经济学中的利己需要思想、英法空想社会主义中的平等需要思想。对马克思需要理论产生的现实社会条件和思想来源进行分析,有利于更好地把握马克思需要理论的形成与发展历程。

第二章,梳理马克思需要理论的形成与发展历程。在具体研读马克思经典文本的基础上,分三个阶段考察了马克思需要理论的形成与发展历程。其一,立足于马克思在《莱茵报》时期和《德法年鉴》时期的经典文本,探寻需要思想的初步萌芽。其二,立足于《1844年经济学哲学手稿》《神圣家族》和《德意志意识形态》等哲学著作,阐明马克思需要理论基本形成阶段的主要思想。其三,立足于《资本论》及其《经济学手稿》等经济学著作,发掘马克思需要理论体系的深入发展。总之,本章立足于经典文本考察马克思需要理论的历史演进轨迹,对其形成与发展的各个阶段进行概括总结,以期对马克思需要理论有一个整体性的把握。

第三章,阐述马克思需要理论的主要架构。首先,就其主要内容而言,需要不仅是“现实的人”的本性、与人的本质具有同一性,而且需要与生产的矛盾推动着社会的发展,进而促进人的自由全面发展。其次,就内在结构而言,马克思需要理论是按照一定的逻辑结构形成的理论体系,按照不同的标准,可以将其划分为不同的类型。最后,在全面了解马克思需要理论的主要内容和内在结构的基础上,总结归纳人的需要的特征。通过对马克思需要理论主要架构的详细阐述,为下一部分探究马克思需要理论的革命性变革奠定基础。

第四章,探究马克思需要理论的革命性变革。马克思之所以能够超越前人的需要思想而形成关于人的需要的正确认识,原因在于他从科学的理论基础即实践观点思维方式的确立、历史唯物主义"新世界观"的诞生、"现实的个人"思想的形成出发,全面而系统地论证了人的需要的产生、满足与发展的全过程,最终形成了对人的需要的科学认识。将马克思需要理论同前人需要思想进行对比,可以看到这一变革的转向主要体现在三个层面:一是从反映论的需要观转向实践论的需要观,二是从人的需要异化转向人的本质需要复归,三是从人的片面需要转向人的全面需要。马克思实现的这一变革不管是在哲学领域,还是在政治经济学和科学社会主义领域,都产生了重要影响。

第五章,阐释马克思需要理论的当代回响。马克思需要理论的诞生不仅在其自身思想发展及当时社会发展历程中产生了重要影响,而且在当代也产生了深远的历史回响。一方面,马克思需要理论在当代西方的传播激起了诸多学者研究人的需要问题的兴趣,他们从心理学、社会学、经济学等不同角度对马克思需要理论进行回应,同马克思需要理论的阐释展开批判性对话,赋予马克思需要理论一定的传承性和价值性。另一方面,马克思需要理论在当代中国的发展,为我们提供了审视当代中国人的存在与发展、社会主要矛盾的转化、人民高层次的多样性需要的不断变化发展及其满足方式的社会历史性的视角和方法,有利于明确马克思需要理论在当代人类社会发展中的重要性。

第六章,发掘马克思需要理论的价值意蕴。马克思需要理论以科学性、系统性和全面性弥补了以往需要理论的缺陷,为其后各个时期需要理论的研究及需要问题的解决提供了科学的立场、观点和方法,并产生了重要影响。本章试图从理论价值和实践价值两个层面探究和阐释马克思需要理论的价值意蕴,以期能够更清晰、全面地凸显马克思需要理论在人类社会历史进程中发挥的重大作用。

总之,通过对马克思需要理论的梳理与分析可以看到,基于时代变化时刻关注人的需要,探寻满足人的需要的现实途径,既是马克思需要理论与时俱进的时代性要求,也是研究马克思需要理论的重要理论旨趣。虽然马克思需要理论形成至今已经有一百多年的历史,并且当代社会同马克思所生活的时代相比发生了巨大变化,但是作为科学真理,其在当代仍然散发着真理的光芒。

目　　录

绪　　论

第一节　选题背景与研究意义

"需要"①是人的活动的内在动因,贯穿于人的生存、发展和解放之始终,人民需要的满足程度是衡量社会文明程度和实现人民美好生活向往的重要依据。随着新时代我国社会主要矛盾的转化,人民在经济、政治、文化、社会、生态等方面的需要逐步增长,人民在各个方面的更高层次的需要问题也越来越受到党和国家的重视。在社会主义现代化建设的过程中,我国政府推动高质量社会生产就是为了更好地满足人民不断增长的需要,建构让人民满意的美好生活。因此,深入研究马克思需要理论,就成为一个具有重大现实意义的理论问题。

一、选题背景

进入新时代,随着社会生产力水平和人民生活水平的显著提高,社会主要矛盾发生了转变,人民的需要也发生了变化,不仅对物质生活和精神生活提出了更高的要求,而且在民主、法治、公平、正义、安全、环境等方面的要求也与日

---

① 本书所提到的"需要"是经济哲学的概念,与作为经济学概念的"需求"是完全不同的。具体而言,需要是人的本性,是指人们消费某种产品(包括实物产品和服务产品)的一种欲望,是人类从事一切活动的基础和原始动力。需求则是指消费者在一定条件下愿意并且能够购买的产品量。需要是需求的基础,人类从事一切活动都是为了满足人类自身的某种需要,而需求不能满足所有需要,仅仅是在拥有购买力的基础上可以购买到一部分的需要。在资本主义社会,受资本逻辑的操控,人的需要结构被异化为需求结构,而马克思需要理论所分析的就是如何使需求结构回归到需要结构。

俱增,人的多样性需要得以凸显。在全球化、现代性和消费社会的时代背景下,需要的满足越来越受到人们的普遍关注和高度重视。基于此,重新审视马克思需要理论在 21 世纪马克思主义整体视域中的地位,并以马克思需要理论为指导来理解、把握、分析、解决与人的需要相关的问题,探究如何更好地满足人民群众的多样化需要,建构让人民群众满意的美好生活,是一个亟待阐释的当代中国化的马克思主义议题。

马克思需要理论作为马克思实践人学思想的重要组成部分,在马克思主义理论发展史上占有十分重要的地位,然而一直以来马克思需要理论并未得到应有的重视。新中国成立后,人学几乎是国内理论界的研究禁区,因此关于人的需要的研究也并未得到足够的重视。改革开放后,随着思想解放和学术复苏,人学研究开始逐渐成为理论研究的热点问题,在人学研究思潮的影响下,马克思关于人的需要理论逐渐引起了一些学者的关注。经过 40 多年的发展,目前我国学术界在关于马克思需要理论的研究层面取得了一定的研究成果,这些研究成果恢复了马克思需要理论在马克思主义发展史上的重要地位,在很大程度上加深了人们对需要理论的整体性理解,丰富了马克思主义的理论宝库。当前我们正处在大发展、大变革的时代,在这一关键时期,不断满足人民的美好生活需要是党和国家开展一切工作的出发点和落脚点。与此同时,在新的发展阶段,不平衡不充分发展的矛盾突出,主要表现在区域领域发展不平衡、经济发展不充分、各领域现代化发展不充分、社会文明程度有待提高等层面。虽然步入新时代之后,社会生产力水平得到了极大的提高,人们基本的物质需要和精神需要得到了一定程度的满足,但是在人们需要的满足过程中也产生了一些问题。如:在人与自然的关系问题上,生态环境恶化、资源短缺等问题影响了生态的可持续发展;在人与社会的关系问题上,片面追求经济发展而忽略了人的发展,影响了和谐社会的构建;在人与人的关系问题上,由经济快速发展带来的贫富差距逐渐扩大的问题,使得人们之间失去了平等的发展机会,彼此之间缺乏尊重和宽容;在人自身的发展问题上,随着物质财富的迅速增长,人逐渐被物化,个人贪欲膨胀,社会上物欲横流的现象越来越严重,最终导致人的片面化发展。这些代价促使人们思考究竟是什么原因导致了问题的发生,进而影响了人民美好生活需要的满足? 面对当前人的生存与发展境遇,迫切需要用马克思需要理论来指导中国实践,这是时代发展提出的新课题。

综观全局,当今世界和中国社会在发展过程中产生的一系列矛盾都与人的需要及其满足状况相关,而马克思需要理论正是科学认识和全面把握当前人们需要问题的理论依据。因此,有必要以马克思需要理论的阐释为基础,深入探讨和积极应答社会发展过程中出现的各类问题,在实践中寻找解决矛盾和满足人的合理需要的路径,这是研究和分析马克思需要理论的最终归宿。但是,就目前学术界的关注热点和已有的研究成果来看,学者们对马克思需要理论的研究大多是将其作为马克思人学思想的一部分进行了简要阐释,鲜有学者对这一理论本身进行专门、系统的梳理和分析。鉴于此,同时也是基于学术理论创新和中国现代化建设的实践探索,将"马克思需要理论"作为研究主题,试图运用马克思主义的立场、观点和方法,立足马克思主义经典著作,对马克思需要理论进行比较全面的梳理与分析,以期在理论上能够更加深入地理解马克思需要理论的理论价值,在实践上以马克思需要理论之光照亮实现人民美好生活需要的现实发展道路。

二、研究意义

马克思需要理论作为马克思主义理论的重要组成部分,具有科学性、革命性、实践性、人民性及发展性,其实现了哲学史上需要理论的革命性变革,使人们对需要的认识达到了科学水平。在经济全球化的背景下,加强对人的需要理论的研究,解决不同群体的合理需要诉求,满足人民不断增长和变化的需要是任何国家和地区都必须高度重视的问题。因此,从马克思需要理论视角出发,正确认识并妥善解决需要满足过程中出现的现实难题,对于全面准确地把握马克思需要理论的时代价值具有深远的理论意义与实践意义。

(一)理论意义

第一,有利于深化对马克思需要理论的认识,恢复其在马克思主义理论体系中的地位。由于马克思没有专门的著作对人的需要进行系统的论述,所以后世学者在研究马克思的思想时曾经忽略过对需要理论的研究。直到20世纪20—30年代,国外才有学者开始对马克思需要理论进行研究,在国内,马克思需要理论的研究则是自20世纪80年代人学思潮兴起以来,才逐步成为理论界关注和研究的焦点,一些学者才开始从不同角度对人的需要进行探索,取得了一些研究成果。本书在总结归纳已有研究成果的基础上,立足经典文本,厘清脉络,结合马克思生活的时代背景,对马克思需要理论产生的现实背景与思想渊源进行了深入挖掘,系统梳理了马克思需要理论的形成与发展历程,具体探索并全面阐释了马克思需要理论的主要架构,揭示出其实现的革命性变革及当代价值,澄清当前关于人的需要理论的模糊认识,以期能够在理论层面深化对马克思需要理论的认识,充分发挥其在当代社会发展中的指导作用,凸显马克思需要理论的重要地位。

第二,有利于深化对马克思人学思想的研究,促进马克思人学思想的丰富与发展。在马克思看来,需要作为人的本性,是与生俱来的,是客观存在的,需要的满足在人的发展过程中起着至关重要的作用。由于需要理论是研究马克思人学思想的理论起点,同时也是马克思人学思想的重要组成部分,因此,加强对马克思需要理论的研究,在理论层面深化我们对马克思人学思想的研究与思考,有利于在实践层面树立"以人为本"的理念,提升当下人们对自身生存境遇和发展命运的关注,彰显马克思主义的生命力。

第三,有利于深化对马克思思想的整体性理解,提升马克思主义理论在当代的影响力。首先,马克思需要理论作为马克思主义理论的重要组成部分,其本身的发展就会促进马克思主义理论的发展。本书立足马克思的原著,对马克思的思想和实践进行了系统的挖掘、梳理和总结,揭示出了马克思需要理论在马克思思想史上的重要性,使人们能够清晰地把握马克思对人的需要的认识,摒弃了传统观念中马克思关于人的需要理论缺失的看法。其次,更为重要的是马克思需要理论是一个内涵丰富的理论体系,不仅涉及唯物史观领域,而且也涉及政治经济学和科学社会主义等重要内容。因此,对马克思需要理论的探索和阐释,有利于厘清马克思需要理论同马克思其他理论之间的关系,进一步拓展对马克思主义理论的研究,丰富马克思主义理论的内容,增强人们对马克思主义理论的当代理解。

第四,有利于深化对唯物史观的理解和把握,丰富唯物史观的基本内涵。唯物史观的创立实现了社会历史观领域的伟大变革,而这种变革的实现与马克思对人的需要的正确理解是分不开的。马克思需要理论分析了人的需要与人的本性、人的本质、社会生产及人的发展之间的关系,论述了需要与生产的矛盾是人类社会演进的动力,强调了需要是促进人自由全面发展的内在动因。正是在对人的需要形成正确认识的基础上,马克思才发现了人类社会历史发展的客观规律,进而创立了唯物史观。因此,可以说马克思需要理论是确立科学唯物史观的逻辑起点和理论前提。然而,长期以来,学术界对唯物史观基本内涵的研究多是从社会存在与社会意识及社会基本矛盾的范畴层面进行阐释,忽略了从人的需要角度论述唯物史观的基本内涵。因此,对需要理论的再度探讨能够更进一步地深化我们对于唯物史观的认识。

(二) 实践意义

第一,有利于为分析和解决当今现实社会中存在的矛盾提供方法论指导。在社会领域中,社会基本矛盾是社会发展的根本动力,正确认识并合理解决基本矛盾是推动经济社会不断发展的根本方式。而要解决矛盾首先必须正确认识矛盾,任何矛盾的产生都有一定的原因,这就需要科学理论的指导。本书以马克思需要理论为理论基础,运用马克思研究人的需要的立场、观点和方法作为正确认识当前社会矛盾的锐利武器,对当代中国在经济、政治、文化、社会、生态等各领域存在的问题进行认真研究与分析,从人的本性、人的本质、社会生产及人的发展等不同角度剖析矛盾产生的原因,具体问题具体分析,从需要的角度出发找到解决问题的根本措施。总之,在今天看来,马克思需要理论对当前社会现实矛盾的解决不仅具有方向原则上的指导意义,而且在具体矛盾的解决过程中还具有方法、途径等方面的借鉴意义,即马克思需要理论在观照现实中彰显出了巨大的思想力量。

第二,有利于构建社会主义和谐社会。和谐社会的构建取决于人民群众需要的满足情况,如果人民群众的基本需要长期得不到满足,就会激发社会矛盾,当矛盾累积到一定程度就会引起社会冲突。综观当前我国的基本国情,人民群众的需要日益广泛且向高层次发展,高层次需要与现有社会生产之间的矛盾增加。这就需要发挥马克思需要理论的引领作用,引导人们树立合理需要观,正确处理好经济发展与社会发展之间的关系,减少不合理需要引起的过度消费等行为的发生,坚持个人必要需要与社会需要相统一,发挥需要的导向作用,从供给侧进行改革,实现经济的高质量发展,为构建和谐社会奠定物质基础。

第三,有利于实现人的自由全面发展。需要是人的一种本质属性和内在规定性,是实现人的自由全面发展的内在驱动力,能够推动人的多方面发展。"在现实世界中,个人有许多需要"①。人的需要是丰富多彩的,同时也是复杂多样的。现实的人有满足肉体生存的基本需要,有交往、劳动和享受等合理的需要,也有拜金主义、享乐主义、利己主义等不正当、不合理的需要。研究马克思需要理论能够揭示出什么是人的真正的、符合人的本性的合理需要,有助于消除人们在需要概念理解上的混乱,树立正确的价值取向,处理好各类需要之间的关系,从而引导人健康全面地发展。

综上所述,无论是从理论意义还是实践意义来看,在新的时代背景下,重新研究和思考马克思需要理论、探讨人的需要都是一项重要的课题。当前,时代条件发生了深刻变化,重新探究这一理论,不仅可以恢复其在马克思主义理论体系中的地位,深化对马克思人学思想及马克思整体思想的研究,进一步加强对唯物史观的理解和把握,推动马克思主义理论的深化和发展,而且有利于澄清人们在需要认识上的混乱,为正确认识和解决社会主义现代化建设进程中出现的人的需要问题提供科学指导,从而实现社会的和谐发展,最终实现现实的人的真正解放与人的自由全面发展。

第二节　国内外研究综述

马克思需要理论在形成后,一开始并未引起学术界的关注,直到 20 世纪 20 年代尤其是 20 世纪后半叶之后,才逐渐受到国内外学术界的关注,其中国外关于这一理论的研究要早于国内。截至目前,马克思需要理论研究已经取得了一定的研究成果。从不同角度、层面比较和分析国内外学者对马克思需要理论研究的差异,有助于我们更加完整、准确、系统地了解这一理论,廓清人们对需要认识的一些偏颇的观点,从而为当代人们进一步关注人的真实需要、

---

① 《马克思恩格斯全集》第 3 卷,人民出版社 1960 年版,第 326 页。

解决因需要而引起的难题提供强大的学理支撑。

一、国内研究现状综述

改革开放以来,随着思想解放和人学研究的兴起以及人的主体性和人的价值等问题的凸显,马克思需要理论才逐渐成为国内学术界关注的重点,并在20世纪80—90年代达到了研究高潮。经过40多年的发展,国内学术界取得了一定的研究成果,但不可否认的是,在一些问题上迄今为止仍未达成一致。总结和梳理这些研究成果和研究状况,有利于深化和拓展对这一问题的认识,更好地把握马克思需要理论。通过搜集、整理国内已有研究成果并进行分类总结,可以看出相关研究主要体现在以下几个方面:

(一) 关于马克思人的需要范畴的研究

马克思在研究人的需要理论时,直接将"需要"作为一个自明性的范畴来使用,并未对需要的含义进行界定,对人的需要范畴的具体解读是后世学者基于自身的研究需要而提出的。目前国内学者从不同视角解读了马克思关于人的需要范畴,并阐述了其基本内涵,综合现有研究成果来看,国内学术界对马克思人的需要范畴的解读比较具有代表性的观点主要有以下几种:第一,赵长太在《马克思的需要理论及其当代意义》(2008)一书中强调要回到马克思的哲学语境对需要范畴进行重新审视。他指出需要"是人的本质力量的表征","是人的生存发展状态","是社会发展状况的一种体现"。① 这一观点得到了许多学者的认同,仇艳艳在《马克思需要理论及其当代价值》(2014)一文中阐释需要的内涵时也是持这一观点。第二,刘世昱在《马克思需要理论及其当代价值研究》(2018)一文中认为要从多角度理解马克思对人的需要的界定,提出"物质需要是人的基本需要""社会需要是人的本质需要""精神需要是人的高层次需要""自由而全面的需要是人的最终需要"。② 第三,郭宝宏在《论人的需要》(2008)一书中从社会意识的角度出发,结合马克思、恩格斯的经典论述指出,人的需要是一种特殊的社会意识,是带有动物本性的社会意识,是

---

① 赵长太:《马克思的需要理论及其当代意义》,河南人民出版社2008年版,第62—70页。
② 刘世昱:《马克思需要理论及其当代价值研究》,博士学位论文,辽宁大学,2018年,第53—57页。

最具普遍性的社会意识。① 这一论述把人的需要归为社会意识的范畴,郭宝宏强调,人的需要与政治、法律、艺术等社会意识形式不同,需要作为一种特殊的社会意识,与每个社会成员个体都有密切的关系,他强调了个体需要与群体需要密切相关。第四,于萍的《马克思的需要理论——基于资本论视阈的一种分析》(2012)一文在资本论视阈中分析了人的需要,认为马克思的需要观是实践论的需要观,她认为可以将马克思需要概念的内涵界定为:"需要是人'正常'生存和发展的需要、需要是对象化实践活动的需要、需要是社会关系的需要。""需要是价值范畴、实践范畴和关系范畴的统一"。② 于萍的这一观点强调了只有从现实的人的实践角度出发理解人的需要,才能真正说明人的需要是如何产生、发展和满足的。

(二) 关于马克思人的需要与人性、人的本性、人的本质内在联系的研究

在这一问题上,学术界的争议较大。有的学者认为人的本性与人的本质是同义语,二者可以相互替换使用;有的学者认为二者虽然关系密切,但不是同一关系,不能作为同义语使用;还有的学者认为人性包括属性、人性和人的本质等。综合当前已有研究成果并对这些成果进行归纳整理,发现主要分为以下几个方面:

首先,关于人的需要与人性的研究。学术界有的学者把人的需要看成人性。陈志尚、张维祥在《关于人的需要的几个问题》(1998)一文中提出人性是一个系统概念,包括属性、人性和人的本质三个层次,而且这三个层次是依次递增的。他们认为,主张需要是人的本质的学者显然是误解了马克思、恩格斯提出的"他们的需要即他们的本性"③这一论述的原意,在二人看来,本性(德文是 Natur)同本质(Wesen)是既有区别又有联系的,至少应用在人性上是属于不同层次的概念,所以在谈到需要和人的本质的关系时,他们指出:"需要是一种人性,但不是人的本质"④。李连科、刘奔在《马克思关于人性三种提法

---

① 参见郭宝宏:《论人的需要》,经济科学出版社 2008 年版,第 10—17 页。

② 于萍:《马克思的需要理论——基于资本论视阈的一种分析》,博士学位论文,吉林大学,2012 年,第 33 页。

③ 《马克思恩格斯全集》第 3 卷,人民出版社 1960 年版,第 514 页。

④ 陈志尚、张维祥:《关于人的需要的几个问题》,《人文杂志》1998 年第 1 期。

的内在联系》（1981）一文中认为，马克思在两年的时间里先后在三本著作中提出三个论断："自由自觉的活动是人的类特性""人的本质是一切社会关系的总和""他们的需要即他们的本性"，他们认为这三个论断之间互不矛盾，而且具有内在一致性。基于此，二人认为人性就是由人的社会关系决定的，通过自由自觉的活动产生的社会需要。只有深刻把握三个论断之间的有机联系，才能避免陷入误读人性的泥淖。① 韩庆祥在《现实逻辑中的人：马克思的人学理论研究》（2017）一书中反驳了把人的需要看作人性的观点，他指出："人的需要不是人性，因为人性是由生产劳动即人的本质决定的并反映在人的社会性上，而人的需要则是人的生产劳动的内在动机"②。

其次，关于人的需要与人的本性的研究。在这一问题上，学术界主要有三种观点。第一，人的需要即人的本性。持这一观点的学者主要是受马克思、恩格斯提出的"他们的需要即他们的本性"这一命题的影响。李文阁在《需要即人的本性——对马克思需要理论的解读》（1998）一文中指出学术界部分学者之所以未能把人的需要理解为人的本性，原因在于这些人对需要的大多数探讨均被人的具体需要所遮蔽，即便是意识到需要与人的本性相关联的学者，由于受"主客先在二分"的本体论思维的影响，也未能对二者的关系做出正确的解读。基于此，李文阁指出需要即人的本性，人的需要是人的本性所表现出来的不同形式，对需要的考察同时是对人的本性的考问。此外，他主张对人的本性、需要的本性的考察应该从人的感性活动、实践出发。③ 袁贵仁在《马克思主义人学理论研究》（2012）一书中论述了作为"人的本性"的需要，他认为按照马克思的观点，人的需要是人的本性，即人天生的固有的特性，需要同人类共始终。第二，人的本性决定人的需要。王全宇在《人的需要即人的本性——从马克思的需要理论说起》（2003）一文中指出人的需要由人的本性所决定，他通过对人的三重本性即"人直接地是自然存在物""个人是社会存在

---

① 参见李连科、刘奔：《马克思关于人性三种提法的内在联系》，《学习与探索》1981年第6期。

② 韩庆祥：《现实逻辑中的人：马克思的人学理论研究》，北京师范大学出版社2017年版，第208页。

③ 参见李文阁：《需要即人的本性——对马克思需要理论的解读》，《社会科学》1998年第5期。

物""人是自由的有意识的活动的存在物"进行分析,得出结论:"人的需要是人性的写照,人性通过人的需要表现出来,人性是不断发展变化的,因而人的需要也是无限发展变化的"。① 同王全宇持同一观点的学者还有裴德海,他在《马克思"需要理论"的价值向度》(2009)一文中指出,人的需要是由人的本性所决定的,人的需要就是人性的现实。② 第三,人的本性不是人的需要的简单相加。李连科、刘奔在《马克思关于人性三种提法的内在联系》(1981)一文中指出:"人的本性不是各种需要的机械相加。各种需要是由活动的性质和社会关系的性质所决定,按一定的并列主从关系形成一个有机的系统,从而构成人的本性"③。

最后,关于人的需要与人的本质的研究。一种观点认为,人的需要即人的本质。赵长太在《马克思的需要理论及其当代意义》(2008)一书中对马克思需要理论的形成和演变历程、核心思想和基本内容及其当代价值进行了全面的分析与论述,认为"人的需要是人的本质属性,需要与人的本质具有同一性。人的发展是人的本质的实现,而人的本质的实现具体表现为人作为人的真正需要的确立和满足"④。另一种观点认为,人的需要不是人的本质,陈志尚在《人学新探索》(2016)一书中有一章涉及人的需要的理论探索,他把人的需要作为人学理论的一部分,对人的需要及其基本特征、需要的结构和层次、需要和人的本质进行了比较精要的分析与论述,得出了"需要是人的本质的论据不能成立"的结论。

总之,目前学术界在解读马克思关于人的需要与人性、人的本性、人的本质的关系问题上还存在着分歧,也鲜有学者对马克思需要理论进行全面且深入的研究。因此,我们要在尊重马克思原著和本意的基础上研究人的需要,不能单独看到马克思的一句话就断章取义。本书对马克思需要理论的解读与研究始终坚持联系其哲学思想的形成与发展历程,即结合马克思思想发展的全

---

① 王全宇:《人的需要即人的本性——从马克思的需要理论说起》,《中国人民大学学报》2003 年第 5 期。

② 参见裴德海:《马克思"需要理论"的价值向度》,《安徽大学学报(哲学社会科学版)》2009 年第 1 期。

③ 李连科、刘奔:《马克思关于人性三种提法的内在联系》,《学习与探索》1981 年第 6 期。

④ 赵长太:《马克思的需要理论及其当代意义》,河南人民出版社 2008 年版,第 3 页。

过程来分析。

（三）关于马克思人的需要的特征及层次的研究

国内系统研究马克思需要理论的学者并不多,关于需要理论的相关研究大都集中于人学研究著作中的某一章节。比如:袁贵仁在《马克思主义人学理论研究》(2012)一书中的一个章节,指出人的需要是多样性的复合体,具有社会性、历史性、无限性和广泛性的特征。① 当然,也有一些专门的文章论述马克思人的需要的特性,比如:高海深在《论人的需要的几种特性》(2005)一文中指出,需要具有"客观性、多样性、社会性和历史性的特征"②。综观国内已有的研究成果可以发现,在阐释马克思人的需要理论时,大多数学者对人的需要的特征及层次均有论述。陈志尚、张维祥在《关于人的需要的几个问题》(1998)一文中分析了人的需要的基本特征及需要的层次,他们认为人的需要的基本特征主要包括:人的需要的客观性、人的需要本质上受意识的支配、人的需要主要靠社会实践来不断地生产和满足、人的需要的社会性、人的需要的发展性。在对人的需要的基本特征和结构分析的基础上,二人又立足唯物史观的基本原理将需要划分为:生存需要、情感需要、服务需要、社会需要、享受需要、发展需要六个层次,并对这六种需要在人的发展中的地位及彼此之间的相互关系进行了分析。③ 陈志尚、张维祥在这篇文章中的观点对后世学者继续考察、研究人的需要提供了一定借鉴。张檀琴、李敏在《需要、欲望和自我》(2012)一书中对马克思关于需要规律的理解进行了分析,指出:"需要具有发展性、无限性、普遍性、社会性和阶级性";同时阐释了马克思关于人的需要的层次分类,即"直接需要和间接需要,动物的需要和人的需要,现实的需要和可能的需要,生存、发展和享受的需要,劳动需要和消费性需要"④。总之,从目前国内关于人的需要问题的既有研究成果来看,学者们对需要的特征和层次的分析角度各有不同,表明对这一问题的研究已经相对成熟。

---

① 参见袁贵仁:《马克思主义人学理论研究》,北京师范大学出版社 2012 年版,第 145—153 页。

② 高海深:《论人的需要的几种特性》,《理论导刊》2005 年第 2 期。

③ 参见陈志尚、张维祥:《关于人的需要的几个问题》,《人文杂志》1998 年第 1 期。

④ 张檀琴、李敏:《需要、欲望和自我——唯物论和辩证观的需要理论》,经济科学出版社 2012 年版,第 76—87 页。

（四）关于马克思人的需要异化的研究

国内学者对这一问题的研究主要集中于批判资本逻辑对人的操控及最终导致人的需要发生异化的层面,并探寻消除需要异化的途径。李文阁、赵勇在《需要的平面化及其消除——马克思关于需要异化的理论》(1998)一文中指出马克思借助劳动异化来说明需要和人的本性是如何异化的,认为私有制是导致需要异化的根源,只有消灭私有制,才能消除需要异化现象。朱志勇在《"人的需要"与需要异化——马克思〈巴黎手稿〉需要理论探析》(2008)一文中分析了何为"人的需要"及需要的异化,他认为资本主义的雇佣劳动制度导致了需要异化,指出扬弃异化的需要,消除需要的物化现象,将人的需要提升到精神和自我实现的层面是人的发展的必然要求。① 李威在《马克思的需要理论——作为人的本性的需要的异化与解放》(2018)一文中分析了需要异化在生产领域、分工领域、交换领域中的具体表现,剖析了在商品经济社会,资本是如何在生产、分工、交换领域实现了物对人的统治,指出是劳动异化和私有财产异化导致了需要异化,在此基础上阐述了如何实现需要的解放。② 马拥军、陈志超在《从需要角度重新审视价值体系概念》(2013)一文中,根据马克思的三大社会形态理论将需要异化分为奴化和物化两种情况,强调只有摆脱这两种异化情况,才能形成"每个人的自由发展"的价值观。③ 林彦虎在《需要的本质与新时代人民美好生活需要的实现》(2019)一文中立足马克思需要理论,分析了需要的异化与人民美好生活需要的丧失,与马拥军、陈志超对需要异化划分的依据相似,林彦虎根据马克思的三大社会形态理论总结了需要异化的三种情况:需要的奴化、物化和层次失序,据此分析了需要异化对新时代满足人民美好生活需要的影响。④

---

① 参见朱志勇:《"人的需要"与需要异化——马克思〈巴黎手稿〉需要理论探析》,《河北学刊》2008 年第 6 期。

② 参见李威:《马克思的需要理论——作为人的本性的需要的异化与解放》,硕士学位论文,吉林大学,2018 年,第 26 页。

③ 参见马拥军、陈志超:《从需要角度重新审视价值体系概念》,《哲学动态》2013 年第 5 期。

④ 参见林彦虎:《需要的本质与新时代人民美好生活需要的实现》,《内蒙古社会科学(汉文版)》2019 年第 4 期。

（五）关于马克思人的需要理论的当代价值或意义研究

学术界研究马克思需要理论十分重要的一个目的，就是探索其在当代所具有的价值或意义，学者们在自己的著作或论文中也都阐释了自己关于这一理论的见解。冯文光在《马克思的需要理论》（1986）一书中谈到了研究马克思需要理论不仅对于理解马克思的经济学说有重要的理论意义，而且对于理解当时的社会主义政治经济学中的一些问题也具有重要的现实意义。① 仇艳艳在《马克思需要理论及其当代价值》（2014）一文中运用马克思需要理论对消费主义给中国人带来的发展问题和生态破坏给中国人带来的生存问题进行了批判，强调了马克思需要理论与时俱进的时代价值，为更好地分析和解决当下中国人的生存问题和发展问题提供了分析视角。② 总之，国内学者根据时代的发展情况，从多角度对马克思需要理论的当代价值和意义进行了挖掘，推动了对马克思需要理论的研究。

一言以蔽之，从国内研究现状和趋势来看，国内学术界在马克思需要理论以及与之相关问题的研究上已经形成了许多有重要学术价值的观点，其中蕴含的研究视角和方法等内容对于今后我们深入研究此课题起到了极大的启发作用。然而通过对已有研究成果的归纳和梳理可以发现，有的学者对马克思需要理论的研究存在着一个问题，就是将马克思不同阶段的需要思想混在一起进行谈论，导致不能清晰地了解马克思需要理论的真正内涵。此外，国内将马克思需要理论作为一个专题进行直接研究的领域还尚有欠缺。因此，对马克思需要理论的专题性研究有待于进一步加强。

二、国外研究现状综述

国外学术界对需要问题的研究相对国内而言起步较早，认识也较成熟，涉及心理学、生理学、伦理学、经济学、哲学等学科，对人的需要的理解也更加具体。但是，国外学术界专门研究马克思需要理论的学者并不多，主要是西方马克思主义流派的一些学者。他们在考察与分析人的需要时曾解读过马克思需要理论，主要是借鉴马克思对资本主义的批判及异化劳动思想来批判当时社

---

① 参见冯文光：《马克思的需要理论》，黑龙江人民出版社1986年版，第236—260页。

② 参见仇艳艳：《马克思需要理论及其当代价值》，博士学位论文，辽宁大学，2014年，第95—101页。

会异化需要的存在,在此基础上阐述自己的需要理论。通过对国外关于马克思需要理论既有研究成果的归纳、梳理可以发现,其相关研究主要分为以下几类:

（一）关于需要范畴的学科性质

关于这一问题的研究,在国外学术界比较具有代表性的一种观点是从哲学或人类学的视角阐释马克思人的需要范畴。布达佩斯学派①的代表人物阿格妮丝·赫勒作为一名著名的马克思主义思想家,她以批判当时东欧社会主义为己任,这在当时是不被当权者允许的。因此,为了证明自己观点的合理性,同时也是受到卢卡奇在哲学上的启蒙,赫勒开始研究马克思的经典著作,希望找到相关理论来支撑自己的观点。她在 1974 年出版的《马克思的需要理论》一书中指出,尽管马克思对需要理论的直接论述并不多,但是需要理论在马克思思想的形成与发展过程中占有极其重要的地位。她分析了不同阶段马克思的需要思想,并指出了马克思从不同的角度和立场对需要的分类,说明了马克思在不同阶段使用需要范畴时具有不同的含义,强调了马克思需要范畴的复杂性。在赫勒看来,虽然马克思发现了资本主义社会存在着需要异化现象,并以此为依据展开了对资本主义社会的批判,但是"马克思不是从总体的经济范畴意义上来使用需要,而是倾向于将需要看待为一个非经济的、历史哲学的、人类学的价值范畴"②。也正是在马克思异化理论和卢卡奇物化理论的影响下,赫勒开始对她所生活的东欧社会出现的严峻社会问题进行了较为深入的思考。她鞭笞了资本主义社会的需要异化现象,将资本主义社会和现存社会的异化归因于人的多元化需要的满足,从而提出了基本需要的革命和

---

① 在学术界,关于是否存在布达佩斯学派,一直有争论。我们认为,无论就其代表人物的活动而言,还是就他们的独立理解建树而言,我们都有理由断言匈牙利的一些批判的知识分子形成了一个学派,而且,直到 20 世纪 70 年代初,它的主要代表人物(如赫勒等人)的全部理论研究都是在 20 世纪的伟大头脑之一——卢卡奇的直接指导和影响下进行的。在 60 年代中期,卢卡奇还不承认自己有什么学派,他认为他的影响散见于许多学科领域。直到 1971 年逝世前,卢卡奇才在一次回答记者采访中承认那些在他周围工作和研究他的思想的人形成了一个学派,即"布达佩斯学派"。关于这一学派的成员不同的研究者界定不一。其主体是卢卡奇的众多学生,最有影响的代表人物则是卢卡奇的 4 个得意门生:赫勒(Agnes Heller)及其丈夫费赫尔(Ferenc Feher)、马尔库什(Georg Markus)、瓦伊达(Mihaly Vajda)。

② Agnes Heller, *The Theory of Need in Marx*, New York:ST.Martin's Press,1976,p.27.

主张。与马克思不同的是,赫勒从个人需要角度出发,从人类学的视角出发去理解人的基本需要和激进需要,她寄希望于人的需要并将其视为革命的动力。总的来看,赫勒对马克思需要理论的解读具有一定的贡献,同时也存在着一部分误读,她对马克思需要理论的分析偏重于价值层面,而忽视了实践层面和其他层面的意义。

另一种观点是从心理学角度解读马克思的需要范畴。波兰新马克思主义理论家亚当·沙夫就是这一观点的主要代表人物。他站在马克思主义人道主义的立场上,基于心理学视角分析和批判了对马克思异化理论持误解和拒斥态度的人的心理,认为这些人在精神上的闭塞是一种"特殊的病理状态",指出异化真实存在,并且这种存在不是资本主义社会所特有的,社会主义国家也存在异化现象。他肯定了马克思异化理论的合理性,看到了资本主义社会工人的生存状况,工人为了生存必须出卖自己的劳动力来获得工资,利用工资去交换对象从而满足自身的基本需要,看到了工人需要的匮乏状态及他们需要的异化情况。在沙夫看来,判断一个人是否感到幸福,可以从反面的理解方式来思考幸福的条件,即从人为什么"不幸"来寻找幸福的标准。而异化的存在使得工人的意识不自觉地带有奴性,由此一来工人就会意识不到自身的主体性,久而久之,工人就会在自我意识中不断地自我否定。因此,仅从工人心情的愉悦程度和自身需要的满足程度就可以判断出他们是否幸福。

此外,美国人本主义哲学家艾里希·弗洛姆认为,马克思所强调的人的需要范畴不仅是经济学范畴,也是哲学范畴,二者之间具有密切的联系。弗洛姆认为,虽然马克思后期的著作主要倾向于人学研究,但是总的来看,马克思对经济学的研究在其整个思想中占有更大的比重。因此,弗洛姆还着重从经济学角度出发研究了人的需要,他认为需要与生产之间存在着密切的联系,需要的满足能够促进生产的发展,而生产是满足人类需要的一种手段,生产的不断发展创造出更多的财富来满足人们不断增长的、高层次的需要。

（二）关于人的需要与人的本性

从国外研究现状来看,西方学者大多比较关注需要与人的本性的研究,他们认为人的需要与人的本性是相互联系、密不可分的。弗洛姆运用马克思需要理论分析人性问题,认为资本主义社会的病态主要原因在于它不符合人性和人的需要。他指出："当人的动物性需要满足后,就会受人性的需要驱使。当他的肉体告诉他做什么和避免什么的时候,他的良心应该告诉他,应该配置哪些需要和满足哪些需要,消除和避开哪些需要"①。即在弗洛姆看来,人不仅具有物质需要,而且还具有其他更高层次的需要。基于此,他将人的需要分为五个层次:关联的需要、超越的需要、寻根的需要、自我意识的需要以及目标与献身的需要,并强调这些需要是人与动物的本能需要相区别的高层次需要。弗洛姆赞同并进一步发展了马克思关于人的本性的思想,他认为马克思通过研究人的本性问题区分了两种倾向或欲望:一种是基于人的本能的固定不变的欲望,是由人的自然属性决定的,如食欲和性欲;另一种是相对的欲望,是指人们在社会生产和交换中产生的,是人的社会性的体现。实质上,弗洛姆不仅延续了对马克思人性学说的理解,而且在马克思所强调的社会性和历史性方面又融入了人的社会心理和个体的精神状况。据此,弗洛姆指出,可以根据需要是否合乎人的本性来判断何为人的真实需要与虚假需要。此外,他还指出一个社会如果不能满足根源于人的生存性质的基本心理需要,那么这个社会就会出现问题,这就是他基于人的生存状况创立的人性需要理论。

法兰克福学派的赫伯特·马尔库塞在《单向度的人——发达工业社会意识形态研究》(1988)一书中分析了"真实的需要"与"虚假的需要",他认为真实的需要是指符合人的本性的需要,比如衣、食、住、行的基本需要,并将其称为"生命攸关的需要";虚假的需要则是"为了特定的社会利益而从外部强加在个人身上的那些需要"②,比如休息、娱乐、消费等当时社会盛行的大多数需要都属于虚假的需要范畴。马尔库塞认为,这种虚假需要的满足只能从外部体现社会的发展,不能给个人带来内心的满足感和幸福感,而且虚假需要的满足使人的本能需要遭到严重的压制和摧残,使人失去了批判、否定和超越的能力,也使社会变成压抑人的个性的极权主义社会。总的来看,马尔库塞关于需要的理解旨在揭示发达的工业社会对人的需要的压抑,他试图给出一个标准

---

① [美]艾里希·弗洛姆:《弗洛姆著作精选——人性·社会·拯救》,上海人民出版社1989年版,第277页。

② [美]赫伯特·马尔库塞:《单向度的人——发达工业社会意识形态研究》,刘继译,上海译文出版社2008年版,第89页。

来提醒人们不要忽视自身最根本的需要，但是他并没有确立一个真正科学的标准来区分真实的需要与虚假的需要，也没有探索到消除虚假需要的途径。因此，马尔库塞的这一主张在现实中未能得到实现。

其实，无论是弗洛姆还是马尔库塞，他们都认为人们基于虚假需要而从事的一些活动掩盖了人的本性的真实需要。因此，当人的虚假需要得到满足后，人的真实需要或者说真正的意愿就在虚假需要中迷失了方向。

（三）关于人的需要的异化问题

西方学者一直以来都十分关注需要的异化问题，大多数学者是借助马克思的需要异化理论来揭示资本主义社会存在的一系列问题，进而展开对资本主义社会的批判。其中，赫勒在《马克思的需要理论》一书中就曾专门对需要的异化问题进行了详细的论述。她认为在资本主义社会，资产阶级占有生产资料需要的增长与工人阶级需要的贫困形成鲜明对比。在资本主义社会，人的需要受到资本逻辑的操控，一方面，资本家为了追求更多的资本、获得更多的利润，不断地加大对工人的剥削力度，陷入了拜金主义的旋涡；另一方面，工人受到资本家更大力度的剥削，工人为了满足维持自身生存的最基本需要，不得不使自身的需要与本质相分离。总之，在赫勒看来，资产阶级需要被同一化为占有的需要，对工人阶级而言是"需要的专政"。

弗洛姆对马克思的异化理论也十分感兴趣，他在《关于马克思人的概念》（1987）一文中试图将弗洛伊德的精神分析学与马克思在《1844年经济学哲学手稿》中的理论进行糅合。一方面，他赞同马克思关于异化劳动的部分观点，将马克思对资本主义社会异化的批判归因于生产方式、劳动异化及其对人性的泯灭。弗洛姆同意马克思的观点，认为人不应该仅仅局限于物质需要的满足，而应该逐步使人从经济需要的压迫下解放出来，即克服需要异化从物质需要中解放出来。另一方面，他反对马克思把异化仅仅作为哲学、经济学和社会学的范畴来使用，从心理学维度深入解读了"人的本质"和"异化劳动"两个重要的问题，沿着马克思对异化劳动的批判理路，从《1844年经济学哲学手稿》中的"劳动"概念着手，构建了从劳动异化到生存异化的人道主义逻辑批判理路，主要批判了自由异化、爱的异化和消费异化三种情况。虽然弗洛姆的生存异化批判发人深省，但是由于他未能全面把握人的物质生活条件以及人与人之间的特殊社会关系,而是直接将人的现实性等同于一定的包含着心理、生理、情感等多种因素在内的生命状况,因而他的理论不可避免地带有抽象人性论的色彩。

法国哲学家、后现代理论家让·鲍德里亚在批判马克思需要理论的过程中,阐述了自己关于抽象需要的观点,与马克思所强调的现实需要形成了鲜明对比。鲍德里亚质疑马克思的需要理论,在他看来人是否具有需要、是否要保证需要的满足,是一个值得深入思考的问题。他认为,在消费社会中,需要是社会体制的产物,人没有基本需要,并且强调生活在消费社会中的人们面临的生存困境不再是物质需要的缺乏,而是丰富的物质需要带来的人的自我的丧失。因此,鲍德里亚极力反对把人的需要分为维持人的生存的基本需要和超越基本需要的社会需要。他在《符号政治经济学批判》(1972)一书中指出:"在生存的基本需要的背后,存在着人的本质:这种本质的基础就在自然之中"①,按照这一观点鲍德里亚认为,基本需要是与人的自然本性相关的需要,所以他断言正是由于"基本需要"这一概念的存在才促进了资本主义社会的生产,人的任何需要都是由于外部经济活动的开展而产生的,他对这种消费异化进行了批判,并强调人本身不具备任何基本需要。基于此,他将马克思所理解的基本需要看作是一种神话,认为马克思掉进了资本主义意识形态的陷阱,始终受到资产阶级意识形态的控制。鲍德里亚对马克思的质疑表面上看似合理,但实际上却存在着极大的误解。他采用经院哲学的概念,在纯粹的思想领域去阐释人的需要,这严重脱离了实践,而马克思对人的需要问题的探讨是立足现实的人的研究。所以,鲍德里亚并没有真正理解马克思的需要理论。

国外学者在关于马克思需要理论的研究过程中,对于马克思需要理论既有肯定也有否定,并且学者们就自己的观点提出了相关的论据,同时对于马克思需要理论的研究思路和方法也进行了有益探索,这些内容都为当前深化马克思需要理论的研究提供了重要启示。但是,国外学者对马克思需要理论的探究大多忽视了马克思唯物史观的观点和对资本主义生产的分析,在人的需

---

① [法]让·鲍德里亚:《符号政治经济学批判》,夏莹译,南京大学出版社2009年版,第65页。

要的现实问题上比较容易陷入空想。因此,本书在写作过程中始终坚持运用唯物史观的基本观点进行分析,也着重论述了人的需要与资本主义生产的关系。

总之,以上所述大致反映了目前国内外学术界关于马克思需要理论及其相关问题的研究状况,这些研究涉及马克思需要理论的很多方面,也形成了一些有价值的研究成果,研究过程中学者们的研究视角和研究方法为今后深入研究这一主题提供了一定的借鉴。但是整体来看,这些研究大多局限于纯粹的理论梳理,抑或是与实践结合得并不紧密。因此,在社会主义现代化强国建设的关键时期,重新审视马克思需要理论在实践中发挥的重要作用,与时俱进地对马克思需要理论展开具体、全面、深入的研究,是一个可行性与创新性并存的选题。

第三节　研究思路与方法

一、研究思路

本书基于唯物史观视角,以马克思的经典著述为文本依据,遵循马克思思想的发展脉络,坚持从理论向现实演进的逻辑,在收集、整理、归纳国内外相关研究成果的基础上,确定了以下具体研究思路:

第一,梳理马克思需要理论产生的现实背景与思想渊源。首先,从马克思生活的时代出发,挖掘并阐述了马克思需要理论产生的现实背景:马克思肯定了资本主义社会化大生产为人们带来了丰富的物质需要,揭示了在资本逻辑操控下人的需要被异化的现实,在此基础上,着重强调了无产阶级为满足自身最基本的生活需要、解放全人类进行的革命斗争,旨在与资产阶级行为的比较中凸显无产阶级在人类历史上的重要地位。其次,考察了马克思之前各主要学派中学者对需要问题的认识,主要论述了德国古典哲学、英国古典政治经济学和英法空想社会主义中的相关需要思想,以期总结出在马克思需要理论之前,学者们在需要问题的认识上取得的成果及存在的不足,为更好地认识马克思需要理论奠定理论基础。

第二，回顾马克思需要理论的形成与发展历程。由于人的需要问题本身不是一个独立的问题，马克思也没有专门的著作对其进行论述，但是对人的需要问题的研究贯穿于马克思思想形成与发展的全过程。所以，要想全面而深入地研究马克思需要理论，就要立足他的经典著作，在对马克思思想尤其是马克思人学思想研究的整体把握中归纳出关于需要的论断，将这些论断按照马克思思想的发展历程以及一定的逻辑结构整合起来，形成对马克思需要理论的完整阐述。对此，根据马克思思想的发展历程，具体分为三个阶段进行阐述：首先，马克思需要理论的初步萌芽阶段，这一阶段主要论述了马克思在《莱茵报》时期和《德法年鉴》时期对需要问题的看法及明确提出了"需要"概念；其次，马克思需要理论的基本形成阶段，这一阶段主要选取了《1844 年经济学哲学手稿》（以下简称《手稿》）、《神圣家族，或对批判的批判所做的批判。驳布鲁诺·鲍威尔及其伙伴》（以下简称《神圣家族》）、《德意志意识形态》（以下简称《形态》）三部具有重大历史意义的代表性著作，阐释了需要理论的基本形成；最后，马克思需要理论的深入发展阶段，这一阶段主要从经济学著作入手，分析了需要理论在经济学领域的发展，介绍了《资本论》及其经济学手稿对需要范畴的丰富和充实、对需要理论体系的完善和进一步发展。

第三，阐述马克思需要理论的主要架构。在全面了解马克思需要理论的现实背景与思想渊源、形成背景与发展历程之后，从三个层面论述了马克思需要理论的主要架构。首先，马克思需要理论是一个内容丰富的体系，涉及人的本性、人的本质、社会生产发展及人的发展等诸多层面的内容。对马克思需要理论主要内容的研究，有利于全面而系统地掌握马克思需要理论，为后文探析其变革的三重转向和价值意蕴奠定基础。其次，通过对马克思关于人的需要的众多论述进行分析可以看到，马克思认为人有多方面的需要，这些需要按一定的内在结构联系在一起。因此，可以从不同角度、依据不同的标准将人的需要划分为不同的类型和层级。最后，根据马克思需要理论的主要内容和内在结构，进一步探讨人的需要的理论特质是研究人的需要的重点内容。对需要理论特质的归纳，有利于揭示出马克思对人的需要的认识同以往学者对于人的需要认识的不同之处，以便下文更好地阐释马克思需要理论对以往需要理论的超越。

第四，探索马克思需要理论的革命性变革。马克思在探索人的需要的过程中，立足新唯物主义，超越了以往需要理论，最终实现了需要理论领域的革命性变革。纵观马克思需要理论的形成与发展历程，可以看到马克思对人的需要问题的正确认识首先得益于其科学的理论基础：实践观点思维方式的确立、历史唯物主义"新世界观"的诞生以及"现实的个人"思想的形成。正是基于这一科学的理论基础，马克思才实现了需要理论的变革，其变革的转向主要体现在三个方面：一是从反映论的需要观转向实践论的需要观；二是从人的需要异化转向人的本质需要复归；三是从人的片面需要转向人的全面需要。总之，马克思实现的需要理论的变革不管是在哲学领域，还是在政治经济学和科学社会主义领域都具有重要意义。

第五，分析马克思需要理论的当代回响。在明晰马克思需要理论实现的革命性变革的基础上，分析其在当代产生的历史回响，为更好挖掘其时代价值奠定基础。马克思需要理论不仅在他所生活的时代，而且在当代社会都产生着重要影响，不管是在当代西方学界激起的关于人的需要问题的讨论与研究，还是在当代中国现代化进程中引起的对人的需要及其满足方式的重视与探索，不仅在一定程度上回答了时代问题，还进一步彰显了马克思需要理论的时代价值。尤其是马克思需要理论在中国化的进程中，在指导实践的过程中，也进一步实现了理论的创新与发展。

第六，揭示马克思需要理论的价值意蕴。全面阐明马克思需要理论的最终目的或根本旨趣就是要深刻论证其在当代社会发展中所起到的价值和作用。一方面，马克思需要理论在当代中国引起了极大的理论回响，产生了重要的理论价值，主要体现在三个层面：是理解唯物史观的逻辑起点，是对人性理论的丰富与发展，是科学认识新时代我国社会主要矛盾的理论基点。另一方面，重点探寻了马克思需要理论在当代中国的实践价值，坚持理论与实践相结合的原则，凸显在当前社会主义现代化强国建设进程中，其对于满足人们在经济、政治、文化、社会、生态等方面美好生活需要所产生的重大现实意义。

二、研究方法

第一，文献研究法。通过重点收集、分析和研究目前国内外相关的文献资料，特别是理性而客观地面对丰富的文献群，从中选取适合本书研究的重要文献,如学术专著、权威性学术论文和文献综述报告等。同时本书的写作坚持以马克思主义经典著作为文本依据,尤其是在深入、细致地阅读了马克思思想发展不同时期代表作的基础上,认真梳理马克思需要理论的相关资料,力求形成对研究内容的系统把握。

第二,文本研究与现实关注相结合、历史梳理与逻辑分析相统一的研究方法。本书在写作过程中,首先,既坚持了对文本资料的研究,又坚持了对社会现实的关注,在发挥马克思需要理论的当代价值过程中,引导人们树立合理需要观;其次,在对马克思需要理论的形成与发展过程进行历史梳理的同时,也从共时态角度对其展开逻辑分析,本书正是把这些方法结合起来展开对马克思需要理论的研究。

第三,比较分析法。研究马克思需要理论,尤其是在研究马克思需要理论的革命性变革时,将其同以往的需要理论进行对比,可以看到马克思需要理论对以往需要理论的超越,凸显马克思需要理论的先进性和科学性,增强其在历史上的影响力。运用马克思需要理论来分析当代中国人的生存与发展境况,通过对当时和当前不同时代条件下人们需要变化的对比,探索出相同与不同之处,有利于我们找到满足人的需要、建构美好生活的实践路径。

第四,多学科整合研究法。本书的研究不是就文本纯粹地阐释文本,也不仅仅局限于人学领域,而是涉及经济学、哲学、心理学、科学社会主义等多个学科和领域,它们彼此相互联系、密不可分,对相关学科已有研究成果的掌握,也成为对马克思需要理论进行研究的基础性工作。因此,多学科整合是研究马克思需要理论的必要研究方法。

第一章 马克思需要理论的现实
背景与思想渊源

任何一种理论都不是凭空产生的,都是在总结、汲取前人研究经验的基础上形成的,马克思需要理论也不例外。马克思在分析、批判、继承已有研究成果的基础上,创立了自己的需要理论,实现了需要领域的革命性变革。任何思想的发展都不是漫无目的的,它总是与自己所处的时代紧密结合在一起,反映着时代特色,带有时代烙印。马克思需要理论之所以能够超越前人的研究,与其所处的时代及研究视阈、方法等不无关系。因此,只有全面了解马克思需要理论产生的特定的现实背景与思想渊源,系统地了解这一理论的来龙去脉,才能更加深入且有针对性地对马克思需要理论予以正确的思考和阐释。

第一节 马克思需要理论产生的现实背景

"一切划时代的体系的真正的内容都是由于产生这些体系的那个时期的需要而形成起来的"①,马克思需要理论就是顺应时代发展需要而形成和发展起来的。马克思生活在 19 世纪资本主义蓬勃发展的时代,当时资本主义生产发展给广大劳动者带来的现实生活困境,迫使马克思走出西方传统人学的需要思想误区,重新思考现实的人的需要问题。马克思需要理论的产生是在资本主义社会化大生产带来了丰富的物质需要、资本逻辑操控下人的需要发生

---

① 《马克思恩格斯全集》第 3 卷,人民出版社 1960 年版,第 544 页。

异化以及无产阶级为了满足自身最基本的生活需要而奋起反抗的特殊的现实背景下逐步形成和发展起来的。从马克思需要理论产生的现实背景着手,了解当时人们的需要现状,有利于真正了解马克思需要理论在当时的社会究竟实现了怎样的超越及其精神实质。

一、资本主义生产创造了丰富的物质需要

18 世纪 60 年代,工业革命在英国爆发,随后德、法、美等国家加入。到 19 世纪中期,一些发达的资本主义国家率先完成了第一次工业革命,机器大工业生产取代了工场手工业生产,资本主义生产方式逐渐成熟,资本主义进入了高歌猛进的时期,资本主义社会获得了前所未有的长足发展。正如马克思、恩格斯所指出的:"资产阶级在它的不到一百年的阶级统治中所创造的生产力,比过去一切世代创造的全部生产力还要多,还要大。"①资本主义社会化大生产创造出的巨大生产力,极大地影响着人们生产、生活的各个方面。

马克思生活在资本主义迅速发展、繁荣的时代,资本主义生产方式的建立促进生产力获得了巨大的增长和高度的发展,进而丰富了人的需要,主要体现在人的需要的内容和满足人的需要的形式之丰富性和多样性层面。一方面,工业革命的发展,不仅使西方资本主义国家的生产力得到了大幅提升,而且推动了资本主义国家产业结构的调整,生产模式逐渐自动化,机器的大规模运用提高了生产效率,为资产阶级积累了大量的物质财富,满足了人们对基本物质需要的追求。随着物质财富的积累,人们的生活条件和需要的内容发生了极大改变,衣食住行等基本需要得到满足后,人们不再满足于仅仅由自然界提供的简单的、基本的需要形式,转而追求更高层次的需要,比如人们开始追求读书、看报、旅行、探险、听音乐会等精神文化层面需要的满足。随着物质财富的不断积累,人们的需要也愈发呈现出丰富化和多样化的发展趋势。另一方面,工业革命这场深刻的变革极大地提高了人们认识和改造自然界的能力,先进技术和生产工具的使用改变了资本主义社会的生产方式。生产方式的变革突破了许多自然条件的限制,满足了人们改造更多劳动对象的需要,生产力在更大的范围内得到了进一步发展,从而改变了以往人们仅仅依靠自然界直接满

① 《马克思恩格斯文集》第 2 卷,人民出版社 2009 年版,第 36 页。

足人的需要的形式。生产方式的改变使得满足人们需要的形式也日益多样化，主要体现在机器大工业的发展在提高了生产效率的同时，也创造出了种类繁多的产品，这些不同种类的产品能够更好地满足人们多样化的不同性质的需要。此外，社会上开始出现剩余产品，这标志着资本主义社会进入了市场经济阶段。

在资本主义市场经济条件下，生产不再是为了直接满足人们的需要，而成了资本家攫取巨额利润的手段。资本家为了获得更多的利润，雇佣工人从事生产劳动，并无偿占有工人的剩余劳动，不断地获得越来越多的财富，而工人由于不占有生产资料，为了生存下去不得不接受资本家的压榨与剥削。资本主义工业革命的发展给资本主义市场经济的发展注入了不竭动力，生产出了丰富的物质产品，人们的需要也随着物质产品的丰富而不断增多。正是在这种社会背景下，资本主义生产的发展为人们带来了丰富的物质需要，为马克思需要理论的形成和发展创造了历史机遇，奠定了物质基础。

二、资本逻辑操控下人的需要的异化

马克思生活的时代是西方民主革命结束，资本主义政治制度在一些主要的资本主义国家已经确立的时期，这为资本主义的发展提供了保障，使得资本逻辑统治下的一切社会现象在表面上看起来是合理的存在。其实，在资本主义社会中，无论是工人还是资本家，都被资本逻辑牢牢地掌控着，资本逻辑的统治可谓是无孔不入，到处都充斥着它的"影子"，马克思将其称为"普照的光""特殊的以太"①。因此，在资本主义社会，无论是工人的需要，还是资本家的需要，都已经成为一种异化的需要。具体而言，资本逻辑操控下人的需要异化限制着包括资本家和工人在内的每个人的发展。

马克思在《手稿》中的"私有财产和需要"一节中，分析了需要的异化对工人和资本家的不同影响。就工人而言，资本逻辑的统治使得工人失去了自由，遮蔽了人的生命存在，漠视了人的生存需要，也正是在资本主义生产方式下人们的生存状态发生了异化，特别是工人需要的异化，使得工人的命运十分悲惨。对此，马克思、恩格斯强调："在资产阶级社会里，资本具有独立性和个

---

① 《马克思恩格斯文集》第 8 卷，人民出版社 2009 年版，第 31 页。

性,而活动着的个人却没有独立性和个性"①,也就是说资本作为一种"死的"社会力量却能够对"具体的""感性的"人进行统治。在资本扩张的过程中,工人的劳动不再是为了满足自己的需要所进行的自由自觉的活动,而是成了实现资本增殖的手段,工人的需要也只能是为了实现资本增殖而存在的需要。除此之外,工人的享受、发展等其他各种需要都被资本所扼杀。当工人成为资本家谋取剩余价值的生产工具而不是为了自身的发展而创造财富时,工人"受他自己双手的产物的支配"②。马克思指出,为了逐利,资本家"把工人变成没有感觉和没有需要的存在物"③。具体来说就是,资本家雇佣工人进行劳动,通过压榨工人仅能维持基本生存的工资、延长工人的劳动时间、增加劳动强度以及廉价雇佣女工、童工等途径无偿占有工人的剩余劳动。由此一来,工人丧失了所有权,资本占有劳动,工人成为资本的奴隶,进而出现片面化或畸形化发展,工人的异化成为了社会的普遍现象,不能够真正实现自身的发展。因此,总的来看,资本主义生产方式虽然创造出了巨大的生产力,给资本家带来了丰厚的"资本积累",但是这种财富的积累却是以牺牲个人的发展为代价的,这同时也给工人阶级带来了"贫困积累",使得工人极端痛苦。对于因资产阶级私有制和劳动异化的存在给工人带来的沉重苦难,后来马克思、恩格斯在《共产党宣言》中进行了猛烈抨击:"工人仅仅为增殖资本而活着,只有在统治阶级的利益需要他活着的时候才能活着"④,以此揭露了资本主义私有制的罪恶,分析了资本主义社会工人阶级需要异化的必然性。

由于资本主义社会的异化具有普遍性特征,因而,就资本家自身的需要而言,也是受资本逻辑操控而发生了异化的需要。随着资本主义的深入发展,资本家的需要与工人的需要分别向两极发展,主要表现为前者的精致化与后者的粗陋化。资本家通过无偿占有工人的剩余劳动来满足自身"讲究的需

---

① 《马克思恩格斯文集》第 2 卷,人民出版社 2009 年版,第 46 页。
② 《马克思恩格斯文集》第 5 卷,人民出版社 2009 年版,第 717 页。
③ 《马克思恩格斯文集》第 1 卷,人民出版社 2009 年版,第 226 页。
④ 《马克思恩格斯文集》第 2 卷,人民出版社 2009 年版,第 46 页。

要"①,他们追求"无节制的挥霍浪费和放纵无度的非生产性消费"②。当然,相对于对利润无止境的追求来说,资本家的享受是服从于生产的一种休息,而且他们已经把享受时的耗费纳入了资本的范畴,希望通过资本再生产得到补偿。由此可见,"享受服从于资本,享受的个人服从于资本化的个人"③。基于此,可以看到资本家和工人一样,也会受到"财富"即资本、货币、商品等"物"的奴役和统治。因此,马克思指出,资本家"还没有体验到这种财富是一种作为凌驾于自己之上的完全异己的力量的财富。他宁愿把财富仅仅看做自身的力量"④。这表明,在马克思看来,资本家仅仅把自己当作财富的主人,还未意识到自己同工人一样,也是财富的奴隶。总之,资本家的这种精致的、非人的、非自然的、臆想出来的需要,表明资本家也是受到资本逻辑控制的。

立足资本主义社会经济异化的现实可以看到,在私有制和资本逻辑的操控下,资本家对货币和财富的广泛需要遮蔽了人的需要的丰富性,全社会都处于异化的笼罩之下。随着资本主义的深入发展,需要和满足需要的资料的增长非但没有带来需要的满足,而且还造成了需要和满足需要的资料的丧失,而导致这一切产生的根本原因就在于私有制和资本逻辑的存在。马克思正是看到了资本逻辑对人的控制、人的需要发生异化的残酷社会现实,才致力于创立科学的需要理论,以理论宣传的形式向全世界宣告当时资本主义社会的真实状况。

三、无产阶级为满足生活需要的斗争

19 世纪中叶,西方的一些主要资本主义国家完成了工业革命,这场工业革命极大地促进了资本主义经济的发展,并创造出了巨大的物质财富,但是工人却没有享受到工业革命发展所带来的财富。资本主义生产力的迅速发展带来了一系列严重后果,其中之一就是生产社会化与资本主义私人占有制之间的矛盾逐渐加重,这使得整个资本主义社会分裂为两大对立阶级——资产阶级与无产阶级。资产阶级为了追求更高的经济利益以巩固自身统治,采取各

---

① 《马克思恩格斯文集》第 1 卷,人民出版社 2009 年版,第 229 页。
② 《马克思恩格斯文集》第 1 卷,人民出版社 2009 年版,第 233 页。
③ 《马克思恩格斯文集》第 1 卷,人民出版社 2009 年版,第 235 页。
④ 《马克思恩格斯文集》第 1 卷,人民出版社 2009 年版,第 234 页。

种非人手段加大了对无产阶级的剥削力度,给无产阶级带来了深重的灾难,同时机器大工业的发展非但没有减轻工人的苦难,还造成了大批无产阶级人士失业,由此无产阶级陷入了饥饿、贫困,甚至是死亡的境地。至此,资产阶级与无产阶级之间的矛盾日益凸显并不断激化,这一矛盾在英、德、法一些当时资本主义最发达的国家上升为国家的首要矛盾。

在资本主义制度下,社会财富集中于资本家手中,为了实现资本的增殖,他们变为人格化的资本,以更加巧妙和隐蔽的方式加大了对无产阶级的剥削,而无产阶级由于一无所有不得不接受资本的控制和奴役。无产阶级辛勤劳动,直接创造财富,却相对日益贫困,被迫沦落为资产阶级创造财富的生产工具。在资本家实现财富积累的同时,无产阶级的贫困也在积累,贫困化成为最严重的社会问题。由此一来,资产阶级毫无人性地残酷剥削就引起了无产阶级一系列的反抗。19 世纪 30—40 年代,随着英、法、德等国家资本主义制度的迅速发展,无产阶级的革命意识日益增强,阶级力量不断壮大,组织性和觉悟性逐步提高,无产阶级开始为了争取自身正常的生活需要和民主权利展开了反抗资产阶级的斗争。无产阶级的抗争活动从最开始的破坏机器以争取更好的工作环境,到成立工会开始组织罢工,再到后来无产阶级的阶级意识逐渐觉醒,最终向资产阶级展开进攻,标志着无产阶级由自在阶级转变为自为阶级。19 世纪 30—40 年代,法国、英国和德国爆发的三大工人起义都是无产阶级武装反抗资产阶级的运动,尽管他们均以失败告终,但是工人起义的开展却依然具有重要的历史意义,极大地推动了无产阶级反抗资产阶级斗争的进程。在这样的时代条件下,工人的悲惨处境促使马克思开始关注现实的人的需要情况,他在继续从事理论研究的同时与恩格斯一起积极投身革命实践活动,深入现实社会生活了解无产阶级的发展状况,认真总结无产阶级运动失败的原因,最终发现无产阶级运动屡遭失败的根本原因是缺乏科学理论的指导。

马克思正是通过深入剖析资产阶级与无产阶级之间的阶级矛盾,论证了阶级斗争是推动社会发展的动力,为其需要理论的形成与发展找到了阶级基础,同时也论证了无产阶级运动只有由具有革命经验、掌握历史发展规律的政党——共产党——领导才能取得胜利。

第二节　马克思需要理论形成的思想渊源

在马克思需要理论形成之前,人们就非常重视人的需要问题。在西方学术界,关于人的需要思想从形成到发展经历了几千年的时间,不同学派对人的需要问题见解不同,内容十分庞杂,为马克思研究人的需要问题提供了丰富的理论素材。但是,由于西方的这些思想家们在研究人的需要问题时,或是从抽象的人出发,或是从头脑中构想的因素出发,因而未能把对需要的探究建立在科学的历史唯物主义基础之上,这就决定了他们关于人的需要思想不可避免地在不同程度上存在着局限性。马克思需要理论是在批判地继承前人需要思想的基础上创立的,因此,从历时态角度对马克思需要理论产生之前的人的需要思想进行梳理与研究,全面、深入地分析西方人的需要思想的主要内容、基本特征和发展趋势,并与马克思需要理论进行比较,有利于更好地理解和把握马克思需要理论。

一、德国古典哲学中的形而上需要思想

18世纪末至19世纪上半叶的德国古典哲学作为欧洲哲学发展史上的一颗璀璨明珠,其中蕴含的人的需要思想是马克思需要理论的重要理论来源之一。在德国古典哲学发展史上,涌现出了康德、费希特、谢林、黑格尔、费尔巴哈①等一批杰出的哲学家,这些人的思想在不同程度上对马克思需要理论的形成产生了一定的影响,其中,黑格尔和费尔巴哈二人的思想对马克思研究人的需要问题产生的影响较大。马克思科学的需要理论的创立正是在广泛汲取德国古典哲学中人的需要思想精华的基础上形成和发展起来的。

---

① 目前学术界对于费尔巴哈是否属于德国古典哲学派别存在异议:一种观点认为,青年时期的费尔巴哈是青年黑格尔主义者,因此在哲学史上仍然可以将费尔巴哈归为德国古典哲学家;另一种观点认为,费尔巴哈对黑格尔的批判宣告了德国古典哲学的终结,成熟时期的费尔巴哈实现了哲学思想的转变,是人本主义哲学家,因此不能再将他归为德国古典哲学派别。在作者看来,从费尔巴哈哲学思想的发展对德国古典哲学发展的延续性来看,还应将其纳入德国古典哲学体系,所以本书涉及费尔巴哈思想的论述还是将其作为德国古典哲学的重要组成部分进行阐释的。

黑格尔的客观唯心主义哲学体系中蕴含着丰富的辩证法思想,这是黑格尔哲学的合理内核和价值所在。黑格尔就是以此为基础展开了对人的需要问题的考察,提出了许多有价值的观点,从而使得他对需要问题的认识极大地超越了前人的研究成果,为马克思需要理论的形成奠定了理论基础。黑格尔十分重视人的需要问题,他对需要问题的系统论述主要集中在《法哲学原理》一书中,他从人的需要问题入手分析了市民社会,认为市民社会包含三个环节:一是需要的体系,二是司法保护所有权,三是警察和同业工会把特殊利益当作共同利益对待,揭示了市民社会内部丰富的关系。① 黑格尔将人的需要体系看作市民社会中一个极为重要的环节,从需要及其满足的方式、人的需要同动物的需要的区别以及人的自然需要、物质需要、精神需要三个层面阐释了人的需要体系在市民社会发展中的重要性。

第一,黑格尔阐释了人的需要的满足方式。黑格尔从需要的观点出发来定义人,指出人是"从需要的立场来看的对象是观念的具体物"②,即黑格尔在这一意义上所谈的人是在头脑中自我创造和自我发展的人,人的本质是自我意识。他强调人是"各种需要的一个整体"③,在黑格尔看来,需要是人本身所包含的主观需要与客观事物之间的一种矛盾关系,因此满足人的需要实际上就是解决矛盾。据此,他提出满足人的主观需要使其达到客观性的手段有两种:一是通过外在事物来满足,这种外在事物不仅能够满足自身的需要,而且也能满足他人和外部的需要。二是通过活动和劳动来满足人的需要,他认为活动和劳动是"主观性和客观性的中介"④。黑格尔认为市民社会中的每个人都有着自身具体的、特殊的需要,但依靠自己的力量不能满足,必须借助劳动这个中介同他人发生联系才能满足,这样每个人的劳动既能满足自身的需要,又能创造出满足他人需要的条件。由此一来,人的需要的特殊性就得到了全面发展,这是市民社会中的一个特殊性原则。

第二,黑格尔就人与动物的需要及其满足方式进行了区分。首先,黑格尔

---

① 参见《黑格尔著作集》第 7 卷法哲学原理,邓安庆译,人民出版社 2016 年版,第 335 页。
② 《黑格尔著作集》第 7 卷法哲学原理,邓安庆译,人民出版社 2016 年版,第 337 页。
③ 《黑格尔著作集》第 7 卷法哲学原理,邓安庆译,人民出版社 2016 年版,第 329 页。
④ 《黑格尔著作集》第 7 卷法哲学原理,邓安庆译,人民出版社 2016 年版,第 336 页。

区分了人的需要与动物需要的不同。他指出了动物的需要是出于本能的、直接的、有限的自然需要,人的需要不仅仅是一种内在的本能需要,更是具体的个人的一种选择。由于人具有主观能动性,所以人能够通过自己的活动来满足自身的需要,同时不断创造出新的需要,这就意味着人的需要是丰富的、多样的。其次,黑格尔肯定了人的需要满足手段的多样性。他认为动物的需要是狭窄的,其满足需要的方式也是非常单一的,是有局限的,而满足人的需要的手段是多样的。虽然人也受到自然性的限制,但是人能够超越这种限制证明自身的普遍性,这不仅体现在人的需要及其满足方式的多样性上,而且人的具体需要又可以分为不同的特殊需要。人的需要的选择性和主体性以及满足主体需要的方式是人的内在自由的外在表现,这是人与动物相区别的主要特征。此外,黑格尔还指出了劳动是市民社会中满足人的需要的手段,是联结"主观性和客观性"的中介,"这种造型加工使手段具有了价值和合目的性"①,即它能够使人的主观目的作用于外在事物从而使得外在事物变成能够满足人的需要、合乎人的目的的东西。虽然黑格尔所阐述的劳动实际是一种抽象的精神劳动,从根本上扭曲了劳动的性质,但是他把劳动看作人的本质,看作一种属人活动,这些观点仍然对马克思人的需要理论的创立产生了重大影响。

第三,黑格尔还分析了人的自然需要、社会需要以及观念的精神需要。黑格尔批判了这样一种观点:在自然状态中,自然需要是最直接、最简单的需要,是人出于本能的需要,自然需要的满足"仅仅使用自然的偶然性直接提供的手段"②,这里未曾涉及劳动的作用。因此,生活在这种自然状态中的人是自由的。然而,黑格尔却认为自然需要及其满足是"粗野的和不自由的状态"③,这主要是因为在他看来,自由仅存在于精神自由之中。社会需要把自然需要与精神需要二者联系在一起,从而使得自身具有了一定的普遍性,社会需要的普遍性掩盖了自然需要的必然性。因此,"在这一社会环节中就含有解放的

---

① 《黑格尔著作集》第 7 卷法哲学原理,邓安庆译,人民出版社 2016 年版,第 340 页。
② 《黑格尔著作集》第 7 卷法哲学原理,邓安庆译,人民出版社 2016 年版,第 339 页。
③ 《黑格尔著作集》第 7 卷法哲学原理,邓安庆译,人民出版社 2016 年版,第 339 页。

一面"①,解放的手段是劳动。在市民社会中,劳动是形式上的劳动,是停留在意识领域中的一种精神活动,依靠这种形式上的劳动实践活动满足人的需要,并不能够真正实现人的自由。由于精神与自然存在层级差别,所以人的需要也是分层次的,根据黑格尔的"理念先于一切事物存在"的观点,可以得出结论:自然需要是人的低级需要,精神需要是人的高级需要,只有精神需要得到满足,人才能真正实现自由。

总的来看,黑格尔对需要问题的论述是深刻的,但是由于其哲学体系是"绝对精神"演进的体系,市民社会只是他的理论中的一个逻辑阶段,所以他的需要理论被打上了唯心主义的烙印,对人的需要的分析带有形而上的浓郁色彩。尽管如此,黑格尔对于人的需要问题的分析仍然对马克思产生了极大影响,对马克思研究人的需要理论提供了一定的启示。黑格尔提出了需要、劳动的概念,从劳动的角度指出了人与动物的差别,并把劳动看作满足人的需要的中介。他通过对现代社会需要体系的详细分析,指出市民社会存在着不可调和的矛盾,而且他还提出了解决矛盾的方案,在这层意义上,黑格尔关于人的需要问题的阐述具有毋庸置疑的合理性。马克思正是充分吸收了黑格尔需要理论中的合理成分,超越了黑格尔的需要思想,形成了自己关于人的需要问题的正确认识。

费尔巴哈关于人的需要问题的论述对马克思需要理论的形成产生了深远影响。费尔巴哈最大的功绩就是批判了黑格尔的唯心主义哲学,恢复了唯物主义的权威,创立了唯物主义的人本主义哲学,奠定了他在西方哲学发展史上的重要地位。费尔巴哈人本主义哲学的核心是关于"人的本质"的学说,其关于人的需要问题的论述主要就蕴含在他的"人的本质"学说之中。

首先,费尔巴哈批判了黑格尔的思辨哲学。他指出,黑格尔"把第二性的东西当作第一性的东西,而对真正第一性的东西或者不予理会或者当做从属的东西抛在一边"②。这一论断说明费尔巴哈看到了黑格尔哲学颠倒了思维

---

① 《黑格尔著作集》第 7 卷法哲学原理,邓安庆译,人民出版社 2016 年版,第 339 页。

② 《费尔巴哈哲学著作选集》上卷,荣振华、王太庆、刘磊译,生活·读书·新知三联书店 1959 年版,第 77 页。

与存在的关系。其次,费尔巴哈批判了黑格尔的宗教神学。1841 年,在《基督教的本质》一书中,费尔巴哈从人的本性出发,全面考察、分析了宗教的起源、形成和发展历程,指出宗教颠倒了人和神的关系。这意味着他已经发现了宗教的秘密,但是他并没有将宗教的本质归为虚无缥缈的力量,而是强调现实生活中的人创造了宗教,以此对宗教神学进行了批判,深刻揭露了宗教的本质——神是人的本质的异化。随后,在 1842 年《关于哲学改造的临时纲要》中,费尔巴哈在文章的开始就指出:"神学的秘密是人本学,而思辨哲学的秘密则是神学"①,将神学和思辨哲学的秘密最后都归结在人的问题上。在 1843 年出版的《未来哲学原理》一书中,他指出:"我的第一个思想是上帝,第二个是理性,第三个也是最后一个是人。神的主体是理性,而理性的主体是人"②。从这一论述可以看出,费尔巴哈最先信奉宗教神学,然后转向了理性思辨哲学,最后转变为人本学,而且他认为宗教神学和思辨哲学具有本质上的内在一致性,都是人的本质的异化。对此,费尔巴哈从多角度和多层面阐述了人的本质问题,主要表现在以下几个方面:

第一,费尔巴哈基于人与自然的关系探索了人的客观存在。他指出人之所以存在于世界中,原因不在于抽象的神,而在于感性的自然界。也就是说,在费尔巴哈看来,人是自然界的产物,因而具有自然属性,即人是一个现实的、感性的、对象性的存在物。在对人与自然关系的考察中,费尔巴哈明确地指出思维是人的思维,它同人一样都是自然的产物,而且他还把人看作与其他动物相同的感性存在物。与此同时,他也强调了人与自然的不同,人有自身的特殊性:人具有自我意识,能够在理性与精神之中感受到自身的存在。就这一层面而言,费尔巴哈反对思辨哲学"人的主体是理性",提出"理性的主体是人"③,并且指出"人之为人的根据不在于'理性',而在于人的感性欲求之中"④,表

---

① 《费尔巴哈哲学著作选集》上卷,荣振华、王太庆、刘磊译,生活·读书·新知三联书店 1959 年版,第 101 页。

② 《费尔巴哈哲学著作选集》上卷,荣振华、王太庆、刘磊译,生活·读书·新知三联书店 1959 年版,第 247 页。

③ 《费尔巴哈哲学著作选集》上卷,荣振华、王太庆、刘磊译,生活·读书·新知三联书店 1959 年版,第 247 页。

④ 转引自陈曙光:《"以人为本"的形上之思》,中国社会科学出版社 2017 年版,第 92 页。

现在"我欲故我在"①的命题中,即人为了生存下去,必然会产生欲望和需要,而人的本质就表现在这些欲望中。

第二,费尔巴哈从人与社会的关系分析了人的社会属性。尽管费尔巴哈主张人具有自然属性,但是"只有社会的人才是人"②,"孤立的、个别的人,不管是作为道德实体或作为思维实体,都未具备人的本质。人的本质只是包含在团体之中,包含在人与人的统一之中,但是这个统一只是建立在'自我'和'你'的区别的实在性上面"③。根据这一论述可以看出,一方面,费尔巴哈非常重视人与人之间的关系,认为正是人与人之间的这种社会联系决定着人的本质,这比基于人与自然的关系分析人的本质更加难能可贵。但是另一方面,他又把"团体""人与人的统一"仅仅看作"类关系",他所说的"类关系"还远远不是人的真正的社会联系,实际上是从"类关系"的角度强调的男性与女性之间的差别,是人与人之间的抽象共同性——"爱"。事实上,费尔巴哈已经触及了人的社会性,但是,他并未就此做出进一步的研究,以致于在社会历史领域又陷入了唯心主义。

第三,费尔巴哈从人与人的关系出发考察了人的精神属性。费尔巴哈认为,人要生存下去离不开自然界,人要成为真正的人也离不开人的精神,正是人的精神属性才使人成为独一无二的人。关于人的本质究竟是什么? 费尔巴哈给出了答案,他指出:"理性、爱和意志"④是人的绝对本质,最核心的是爱。基于此,他构建了所谓的"爱的哲学",主张只有爱才能使人自由,只有人才有爱的感觉,没有爱不能构成人类。而且,从认识论角度看,费尔巴哈认为"感性直观"是"理性、爱和意志"产生的根源;从逻辑上看,费尔巴哈批判了人类精神层面的上帝之后,必然要从人本学的角度选择一个更高层次的精神家园。

---

① 《费尔巴哈哲学著作选集》上卷,荣振华、王太庆、刘磊译,生活·读书·新知三联书店1959 年版,第 591 页。

② 《费尔巴哈哲学著作选集》上卷,荣振华、王太庆、刘磊译,生活·读书·新知三联书店1959 年版,第 571 页。

③ 《费尔巴哈哲学著作选集》上卷,荣振华、王太庆、刘磊译,生活·读书·新知三联书店1959 年版,第 185 页。

④ 《费尔巴哈哲学著作选集》下卷,荣振华、王太庆、刘磊译,生活·读书·新知三联书店1962 年版,第 28 页。

因此,费尔巴哈主张在现实的社会生活中,用对人的爱代替对上帝、对神的爱,试图在现实社会生活中实现人道主义,这与唯心主义的人道主义相比更具进步意义。

虽然费尔巴哈的人本主义哲学为当时的哲学发展指明了方向,使哲学从抽象的沉思转向了现实的人和自然,把人的需要上升到人的本质范畴来探讨具有十分重要的积极意义。但是,由于费尔巴哈用感性直观的方式去把握人的本质,把人的自然属性看作人的本质,没有看到自然是人化的自然,也没有看到满足人的需要是劳动实践活动的结果。所以,究其本质,费尔巴哈所理解的"人"仍然是一个抽象的"类"概念,他混淆了人与动物实质需要的差别。因此,费尔巴哈所理解的人的需要也只是抽象的需要。

一言以蔽之,不管是黑格尔基于客观唯心主义的需要理论还是费尔巴哈基于人本主义的需要理论,都是有明显缺陷的,这是时代留给马克思的问题,最终都成为激发马克思研究人的需要问题的重要因素。黑格尔的"辩证法思想""需要的体系""劳动"等概念,费尔巴哈的"直观唯物主义""人的类本质"等概念都给予了马克思一定的启发,对早期马克思的研究思路产生了深远影响,为马克思研究人的需要问题提供了理论材料。

二、英国古典政治经济学中的利己需要思想

17 世纪中叶到 19 世纪初期是英国古典政治经济学的形成与发展时期,其主要代表人物有威廉·配第、亚当·斯密和大卫·李嘉图。这些古典政治经济学家对人的需要问题进行了深入的考察与分析,他们十分重视人的需要在古典政治经济学中所发挥的至关重要的作用,把政治经济学理论建立在人的本性基础之上,认为人自出生就是为了自身的利益而从事一定的活动,人具有追求自己需要和利益的本性。通过对他们提出的相关政治经济学理论的分析可以看到,古典政治经济学家所理解的人的需要实质上是一种利己需要,他们以此为理论前提展开了对政治经济学理论的阐释。毋庸置疑,英国古典政治经济学既有一些科学的成分,但也不乏庸俗的成分,马克思批判地吸收了英国古典政治经济学中需要思想的合理成分,从而形成了对人的需要问题的正确认识。

配第作为英国古典政治经济学的创始人,虽然他对商品价值的形成问题

进行了研究,提出了劳动决定商品价值,但是他并没有制定出完整的劳动价值论,而且掺杂了一些错误的思想,主要表现在他把价值、交换价值和价格混为一谈。斯密在配第的基础上进一步系统论述并发展了劳动价值论。他指出:"一国国民每年的劳动,本来就是供给他们每年消费的一切生活必需品和便利品的源泉"①。在这里,斯密把劳动看作消费品的"原因",而事实上人作为有需要的主体才是最根本的原因。因此,在斯密的语境中,人的需要构成了他政治经济学研究的真正起点。斯密认为,在18世纪的英国,一个工人生产出的产品除了满足自身所必需的产品量以外,还会拥有一定数量的自己的劳动产品,而其他行业的工人也会存在同样的情况,那么他们彼此之间就能够用自己的产品同其他工人的产品进行交换,以满足自身的多方面需要。斯密从"理性人"的角度出发,指出人的利己本性是交换产生的原因,而交换的目的是满足人的需要,交换进一步促进了分工的发展,分工提高了劳动生产率。在实行分工的社会里,工人仅仅依靠自己的劳动是不能够满足自身的多方面需要的,人们需要的满足必须依赖劳动的交换,因为每个人所需要的物品只有很少的一部分能够依靠自身的劳动生产来满足,很大的一部分物品是要依靠他人劳动来提供。因此,每个人都要依靠交换生活,人与人之间在进行产品交换时,应该遵循什么样的规律,斯密的价值学说进一步对此进行了阐释。斯密同意配第的劳动决定价值的观点,同时又进一步发展了这一观点,他从特殊形式的劳动中抽象出一般劳动,主张一切生产部门的劳动都创造交换价值,并不是像配第所说的只有生产金银的劳动才直接创造交换价值。对此,斯密把劳动视为衡量一切商品交换价值的真实尺度,他认为不管是以货币去购买商品,还是以商品交换商品,依据的都是蕴含在商品中的劳动量,即等量劳动的交换。

李嘉图克服了斯密学说中自相矛盾的部分,继承并发展了斯密学说的积极层面,他在探讨资本主义生产方式的内在联系层面比斯密更前进了一步,而且李嘉图还从供给与需求的关系出发研究了人的需要。首先,在生产与消费的关系问题上,李嘉图主张生产的目的是消费,生产者同时也是消费者,正因

---

① [英]亚当·斯密:《国民财富的性质和原因研究》上册,郭大力、王亚南译,商务印书馆1972年版,第1页。

如此,他强调生产者十分了解生产何种商品对自身最为有利,因此也就不会生产出没有需求的产品。其次,李嘉图认为人的欲望、人的需求是无限的,因而人的消费也是无穷的,生产在任何时候都不可能超过需求,人的需求也只有依靠生产才能够满足。事实上,随着资本主义的发展,财富两极分化,掌握在劳动人民手中的财富越来越少,人们无力购买所需求的商品。在这种情况下,生产超过需求是不可避免的。李嘉图站在工业资产阶级的立场上,强调生产的直接目的是满足社会的需要,可能存在个别商品的生产过剩,但是不会存在普遍商品的过剩。因为在他看来,货币只是交换的媒介,商品流通仍然是商品与商品之间的直接交换,所以不会出现商品过剩的现象。究其根本,这主要是由于李嘉图不理解资本主义社会商品生产的目的不是满足人们的实际需要,其实质是为了追逐财富,获得商品的剩余价值。李嘉图并没有看到资本主义生产的本质,因而也就没有发现资本主义出现普遍的经济危机是必然的。马克思看到了李嘉图比斯密前进的地方,看到了他的贡献,也看到了他的错误。在批判吸收李嘉图经济学说的基础上,马克思从生产和需要的角度解释了经济危机发生的根源,并在对资本主义经济危机理论批判的基础上形成了关于经济危机的正确看法,当然其中不乏对人的需要的正确看法。此外,马克思还肯定了李嘉图经济学说研究方法的合理性,这对马克思后期剩余价值的发现、人的需要理论的研究都具有重要的启示意义。

英国古典政治经济学家从人的利己动机出发,以人们对利益的追求作为经济活动的内生动力去考察经济现象,把理论研究从流通领域转向生产领域。他们的主要贡献是发现了劳动价值论,发现了地租和利润,实质上就是剩余价值,只不过受到当时经济范畴的束缚而不知道其为剩余价值,探讨了资本主义制度下财富的生产和分配规律。但是,由于他们代表的是资产阶级的利益,其理论带有一定的历史和阶级局限性。总的来看,英国古典政治经济学家的经济学说及其研究方法对马克思产生了重要的影响,马克思需要理论的形成正是在批判、汲取、改造英国古典政治经济学中利己需要思想的基础上形成和发展起来的。

三、英法空想社会主义中的平等需要思想

空想社会主义的发展主要分为三个阶段:16—17世纪的早期空想社会主

义、18世纪的空想平均共产主义、19世纪初期批判的空想社会主义,其中对马克思需要理论的创立产生最直接和最重要影响的是19世纪初期英法两国的批判的空想社会主义理论。空想社会主义者在描绘未来理想社会的蓝图时,对理想社会中人的存在、人的需要进行了分析,这为马克思研究人的需要问题提供了思想资源。

16—17世纪的早期空想社会主义诞生于欧洲历史进入资本主义的时期,资本主义生产方式处于萌芽和资本原始积累时期,尤其是在英国,资本主义生产方式迅猛发展,这为空想社会主义的产生提供了社会经济前提。政治上,资本主义制度尚未完全建立,资产阶级争取统治的斗争与无产阶级的政治要求交织在一起。在这样的历史背景下,先进的思想家看到了资本主义对劳动人民的残酷剥削,他们幻想建立一个没有剥削和压迫的理想社会。英国作为资本主义发展最早、最快的国家,也是空想社会主义思潮最先萌芽的国家。1516年托马斯·莫尔的著作《乌托邦》的出版标志着空想社会主义的诞生。在这本书中,莫尔形象地描述了"羊吃人"的圈地运动,用对比的手法批判了当时英国和欧洲的资本主义现实,揭露了造成劳动人民贫困和不幸的祸根——私有制。他认为理想社会应该是一个废除了私有制的社会,是一个消灭了阶级、城乡和工农对立的社会,实行有计划的生产,消费品实行按需分配的原则,在这里"需"是指人们生活中最基本的日用品。据此,莫尔主张人们可以从公共仓库或市场中获取所需的全部生活资料。莫尔所描绘的理想社会的基础是不牢固的,他没有对资本主义的本质及未来的发展趋势做出科学的分析,没有找到实现人类理想社会的途径,但其设想却为后人留下了宝贵的思想材料。

18世纪的空想平均共产主义产生于资本主义工场手工业大发展时期和资产阶级革命时期,这一时期资产阶级展开了对维护封建专制制度的宗教神学批判,进一步激发了无产阶级思想家们的变革意识,于是无产阶级的先驱们提出了空想的平均的共产主义思想。18世纪空想平均共产主义的发展主要集中于革命的中心——法国,在法国大革命和启蒙运动的影响下,空想社会主义思想家对资本主义制度的批判比之前更加深入,他们多以理性和抽象人性论作为自己的理论出发点。这一时期的主要代表人物有法国启蒙运动中出现的摩莱里和马布利,还有18世纪末法国资产阶级大革命中出现的巴贝夫。

摩莱里在其著作《自然法典》中论证了从私有制过渡到公有制的历史必然性，而且特别强调了实行公有制符合人的本性。"摩莱里认为，人格源于环境，公益是善恶的标准，幸福是人生的目的。人生而有所需求，但满足需求的能力总是落后于需求，这一矛盾促使人们建立联合体，去满足只靠个人力量难以满足的需求。人的需求相同，应当得到同样的满足。"①即在摩莱里看来，人人参加劳动，家长把产品平均分配给每个社会成员，不存在把产品据为己有的情况，他认为这种原始的共产主义大家庭是符合理性要求的人类社会的黄金时代。但是，摩莱里认为由于人的需求是相同的，所以满足人的各方面需求的举措也应是相同的，比如他主张各行各业的人的穿衣、住房、日用品等都要统一。总之，摩莱里的空想社会主义思想，抛弃了早期空想社会主义的虚幻色彩，把对理想社会的设想建构在现实生活的基础之上，开始用法律条文的形式来描绘未来理想社会，他提出的公有制、所有权、计划经济、各尽所能等思想对后期空想社会主义的发展产生了积极的影响。

马布利最大的贡献是分析了当时法国的阶级构成与阶级矛盾，其思想带有明显的无产阶级意识，他的社会理论同摩莱里的主张十分相似，认为共产主义制度是最合乎人性的制度。他从自然权利和理性出发，批判私有制，把私有制看作一切罪恶的根源。关于未来的理想社会，马布利认为理应是人人平等、财产公有的社会。因此，在政治上，他主张建立自由、法制的共和国；在经济上，主张实行土地、财富公有制。与摩莱里不同的是，马布利认为私有制导致的私欲根深蒂固，一旦原始的公有制被破坏，人类很难再回到自然的状态。这也说明了虽然马布利提出了消灭私有制，但是他并没有找到消灭私有制的途径。马布利认为在当时的社会实现共产主义是达不到的，于是他提出了一些改造社会现实的举措：限制国家的财富和需要的法律、禁止商业、废除遗嘱、制定土地法等等。他以理论论证的方式阐述了自己的观点，从逻辑上论证了民主、法制和按需分配等原则及实行公有制的必要性，而且他在一定程度上承认了暴力在社会革命过程中的作用。此外，他关于理想社会的构想带有浓厚的

---

① 许俊达、钟玉海：《科学社会主义的理论与实践教程》第 2 版，安徽科学技术出版社 2004 年版，第 62 页。

平均主义和禁欲主义的色彩,就这一点而言,他同摩莱里不同的是,摩莱里是从他的具体主张中体现了平均主义和禁欲主义,而马布利则是从理论上论证了平均主义和禁欲主义。摩莱里和马布利的学说深化了共产主义学说的理论性,对此,恩格斯给予了高度评价,称它们为 18 世纪"直接共产主义的理论"①。

　　巴贝夫是法国大革命时期空想社会主义的代表人物,著有《永久地籍册》《平民宣言》等,他的思想是在法国资产阶级革命胜利后的时代背景下逐步形成的,其思想被称为巴贝夫主义。巴贝夫看到了资本主义生产方式给劳动人民带来的沉重灾难,他把私有制看作社会政治经济不平等的最根本原因,提出了完全平等的思想。1789 年,在《永久地籍册》中,他提出通过平均地权来消除社会上的不平等,主张建立人人平等的社会,主张平均分配。在巴贝夫所设想的社会里,人人都必须参加劳动,只有参加劳动的人才能向社会领取自己所需要的那一份产品,同时老人、小孩、病人、残疾人等特殊群体也能得到同样的照顾。并且,巴贝夫认为劳动不能有高低贵贱之分,每个人获得的劳动报酬也不能有任何差别,即巴贝夫主张社会福利必须均等分配,要达到人与人之间没有任何差别的绝对平等,这实质上是一种"粗陋的平均主义"②。巴贝夫主义与摩莱里、马布利的学说相比,存在着诸多不同之处,它克服了先前空想社会主义的一些局限,首次把共产主义作为实践问题提了出来,明确提出了必须通过暴力革命推翻资产阶级的统治,建立没有压迫与剥削的新社会。巴贝夫还提出了实行劳动人民民主专政的思想,主张依靠劳动人民的力量来建立理想社会,其革命性和实践性是过去的空想社会主义思想不能比拟的。此外,巴贝夫主义还克服了 18 世纪空想社会主义学说的禁欲主义缺陷,主张理想的社会应是生产力发展,人们的物质生活和精神生活丰富的社会,而不是苦行僧、禁欲主义的。虽然巴贝夫的共产主义体系"相当粗糙和肤浅",但是其中蕴涵着"超出整个旧世界秩序的思想范围的思想"③,对后期马克思研究共产主义社会人的需要的满足提供了一定启示。

---

① 《马克思恩格斯文集》第 9 卷,人民出版社 2009 年版,第 21 页。
② 《马克思恩格斯文集》第 2 卷,人民出版社 2009 年版,第 62 页。
③ 《马克思恩格斯文集》第 1 卷,人民出版社 2009 年版,第 320 页。

19 世纪初期,资产阶级的统治在欧洲已经确立起来,空想社会主义发展到了批判阶段,其主要代表人物有:法国的圣西门、傅立叶和英国的欧文。

圣西门作为 19 世纪初期批判的空想社会主义的最早代表人物,他认识到了法国大革命的阶级斗争性质,同时也认识到了资本主义社会只是旧的封建社会和未来理想社会之间的一个过渡。他认为资本主义制度暴露出来的种种弊端已经证明资本主义制度是极其不合理的,应用实业制度来代替它。根据圣西门的论述,实业制度能够使人得到最大限度的自由,是能够确保各种实业和科学艺术充分发展的制度,是废除一切特权、完全平等的社会制度。在对实业制度的构想中,圣西门提出了许多真知灼见:重视知识、有计划地组织整个社会的生产、社会应当由实业家和科学家来领导、实现普遍劳动义务制、按才能和贡献分配等等,这些思想成为马克思研究人的需要、研究科学社会主义发展的思想来源。

傅立叶接受启蒙思想和以往空想社会主义思想的影响,结合自己的认识和当时合作社运动的经验,形成了自己的空想社会主义思想,著有《宇宙统一论》《工业的协作的新世界》《全世界和谐》等。由于傅立叶先后经历了1825—1826 年和 1828—1832 年的经济危机、1831 年和 1834 年法国里昂工人起义,所以他更加深刻地揭露了资本主义商业活动中存在的种种罪行,这种批判比圣西门更加深刻。傅立叶所设想的理想社会是一种和谐制度,他把和谐社会的最基层单位称为"法郎吉",这是一种有组织的生产,以此区别于资本主义生产的无政府状态。"法郎吉"实际上是一种自力更生、自给自足的团体性生产和消费的协作组织,它以劳动、资本和才能等为标准,按比例进行分配。他反对禁欲主义,认为凡是符合人的自然本性的情欲都应得到满足,而和谐制度是能够保障人类的情欲得到充分满足的幸福社会。与巴贝夫主义不同的是,傅立叶极力反对消费品领域的平均分配,而他主张的按比例分配并没有解决新社会的分配问题,这种分配原则只会让拥有更多资本的资产阶级比劳动者获得更多的收入,剥削依然存在。由于傅立叶反对暴力革命,幻想依靠统治阶级进行试验来改造社会,这注定他的主张只能流于空想。但是他主张的符合人类自然本性的情欲都应得到满足和按比例分配的思想为马克思研究人的需要问题提供了启示。

　　欧文是 19 世纪上半叶英国著名的空想社会主义者,著有《致拉纳克郡报告》《新道德世界书》《社会主义或理性社会》。他依据劳动价值论对资本主义进行了深刻的批判,从生产力发展的高度论证了消灭私有制是历史发展的必然,提出建立一种理想的社会制度——合作公社制度。欧文主张财产公有,他认为合作公社消灭了三大差别,公社成员人人平等,人人都要参加劳动,按照年龄大小分别从事不同类型的劳动,共享劳动成果。欧文指出生产的目的是满足全体成员的物质和文化需要,在未来的合作公社制度下,产品非常丰富,人们品德高尚,所以可以实行按需分配。此外,欧文主张把教育同生产劳动结合起来,用教育促进脑力劳动和体力劳动的结合。为了证明合作公社制度的合理性,欧文进行了"新和谐公社"试验,尽管最终失败了,但是欧文却是 19 世纪空想社会主义者中第一个将理论付诸实践的思想家。欧文社会学说思想的精华是马克思人的需要理论的重要来源之一。

　　英法空想社会主义者提出的一些设想,如:废除私有制,建立公有制;实行共同劳动,合理分配等,都为马克思正确认识资本主义提供了典范。马克思适应社会发展的需要,充分吸收了空想社会主义思想中的精华,在新的历史条件下创立了唯物史观和剩余价值学说,这为马克思科学研究人的需要问题提供了强大的理论基础和宝贵的思想材料。

第二章　马克思需要理论的形成与发展

人的需要问题始终是马克思关注的重点问题,马克思终其一生的研究都是为了实现人的解放与发展,而人的需要的满足作为实现人的解放与发展的极为重要的环节,在马克思的思想发展史上占有十分重要的地位。马克思也正是认识到了人的需要的重要性,才立足现实的个人,努力探寻满足人的需要的途径。由于马克思没有专门的著作对人的需要问题进行集中论述,所以本章立足马克思思想发展的不同时期的著作,对他探究人的需要的形成与发展历程进行全面、细致的梳理与研究,以期对马克思需要理论有一个整体性的把握。

第一节　马克思需要理论的初步萌芽阶段

从 1842 年到 1844 年初,是马克思需要理论的萌芽时期。在这一阶段,马克思关于人的需要问题的阐述主要集中于《莱茵报》时期和《德法年鉴》时期,此时的马克思开始关注人的需要问题,论述了自己对于需要问题的认识,并对需要的概念进行了初步阐释。

一、《莱茵报》时期马克思对需要问题的认识

1842 年初—1843 年 3 月,是马克思思想发展的《莱茵报》时期。在这一时期,马克思的关注点发生了变化,由原来的青年黑格尔学派对头脑中的抽象思辨感兴趣,转向了对现实生活中人的物质需要和物质利益的关注。

1842 年 5 月,马克思在《莱茵报》上发表了《关于新闻出版自由和公布省

等级会议辩论情况的辩论》,揭示出了隐藏在这场辩论背后的各等级的利益。马克思指出,在关于新闻出版自由问题的辩论中,不同等级的议员的观点和主张不同,他们代表着各自不同的利益,尤其是代表着统治阶级的利益。马克思以敏锐的洞察力发现,反对新闻出版自由的等级不是反对一般的自由,而是反对人民的自由,诸侯等级、骑士等级、城市等级的议员代表维护的是他们的私人利益,唯有农民等级代表捍卫的是农民群众的普遍需要和利益。对于反动分子主张制定一系列制度来限制出版自由的情况,马克思对此进行了批判:"如果作为'普遍自由'的实现的'自由的新闻出版'和'新闻出版自由'应当被屏弃的话,那么,作为特殊自由的实现的书报检查制度和受检查的书报就更应当被屏弃了"①,并且强调"新闻出版自由是一种需要"②。而在普鲁士国家新闻出版自由却成了个别人(书报检察官)的特权,在马克思看来,新闻出版自由本身是人的思想和自由的体现,所以他强调这种自由绝不应是少数人的权利,并且参会议员代表的政治立场也绝不应该受私人的、物质的利益所影响。这表明马克思已经看到了不同等级的辩论实际上反映了在某种程度上相互敌视的社会集团的物质利益。虽然在这篇文章中,马克思没有明确地界定何为"利益""需要",但是他已经认识到了利益和需要在社会生活中的重要性。

1842 年 10—11 月,马克思在《莱茵报》上发表了《关于林木盗窃法的辩论》,第一次对林木盗窃这种所谓的物质利益发表自己的见解。他指出,莱茵省议会实际上是同私人占有者站在一起的,议员们要求把捡拾枯树纳入盗窃木材的范围,严加惩处,完全不考虑贫苦劳动群众的生活权利。马克思指出,议员们的这种要求完全是为了物质利益而把捡拾枯树和盗窃林木之间的本质区别抹杀了。在讨论这一法案的制定过程中,当涉及林木占有者的利益时,立法者甚至清楚地区分斧头和锯子,而当涉及贫民阶级的利益时,他们却连枯树和活树都不加区别了。对此,马克思公开地站在贫苦群众的一边维护他们的利益,他指出,捡拾枯树是农民满足自身取暖、做饭等最基本的生活需要的一

①《马克思恩格斯全集》第 1 卷,人民出版社 1995 年版,第 167 页。
②《马克思恩格斯全集》第 1 卷,人民出版社 1995 年版,第 145 页。

种手段,这已经是一种"习惯权利"①,现在却连这种习惯都要被剥夺,进一步揭露了贪婪成性的林木占有者的极端自私行为。马克思已经清晰地意识到普鲁士国家是维护特权等级利益的,面对这样的现实,他通过发表文章批判普鲁士政府的专制制度,从而捍卫了劳动人民的利益。

1843年1月,马克思在《莱茵报》上发表了《摩泽尔记者的辩护》一文,来回应莱茵省总督冯·沙培尔对记者发表在《莱茵报》上的两篇文章②的指责。在这篇文章中,马克思以未署名的形式,以记者的名义,认真地考察了摩泽尔河沿岸地区居民的生活状况,全面而客观地介绍了当地的具体情况,对总督的指责进行了详细的答复。马克思在文中分析了摩泽尔河地区种植葡萄的居民利益受到损害,生活贫困的事实决定了当地对自由报刊的需要,进一步阐释了自由报刊和人民报刊的思想。马克思认为应该从私人和国家两个层面来分析摩泽尔河沿岸地区的贫困问题,其中在研究国家和贫困之间的客观关系时,他认为人们十分容易被管理机构所误导。官方认为是葡萄种植者导致了摩泽尔河地区的贫困,或者是将贫困的原因归为自然因素和偶然因素;而在马克思看来,贫困的主要原因在于管理机构脱离了人民。由于马克思曾是青年黑格尔学派的成员,其国家观深受黑格尔唯心主义学说的影响,而摩泽尔河沿岸居民的困苦处境使马克思认识到:在现实生活中,国家不是"道德理念的实现",而是私人利益的维护者。在认识到这一点之后,马克思坚定地站在了贫苦大众的一边,通过详尽的事实对总督的责难进行了有力的反驳。

在《关于林木盗窃法的辩论》一文中,马克思关于林木盗窃法的论据在一定程度上还具有思辨的性质,但是当时马克思也已经认识到了物质利益对国家和法的支配。在《摩泽尔记者的辩护》一文中,通过对摩泽尔地区贫苦农民生活状况的实际考察,他更加清醒地认识到政府脱离了人民进行管理的"官

---

① 《马克思恩格斯全集》第1卷,人民出版社1995年版,第1018页。

② 1842年12月,《莱茵报》记者彼·科布伦茨在《莱茵报》第346和348号登载了《摩泽尔河沿岸地区居民关注新闻界的下一步行动》和《关于乡镇财产必须退还》的两篇文章。其中,一篇是谈摩泽尔河沿岸地区的柴荒问题,另一篇是谈摩泽尔河沿岸地区的居民特别关注1841年12月24日的王室内阁指令以及报刊在该指令的推动下所采取的比较自由的行动。(参见《马克思恩格斯全集》第1卷,人民出版社1995年版,第357页。)

僚本质",唯心主义解决不了物质利益的问题,这促使他进一步走向唯物主义。总之,在《莱茵报》工作期间的现实生活、实践活动以及物质利益问题,对于青年马克思世界观的转变产生了很大的影响,也促使他开始关注人的需要问题。

二、《德法年鉴》时期马克思需要概念的提出

1844 年 2 月,马克思同阿尔诺德·卢格在巴黎共同创办了《德法年鉴》,并在这本期刊上相继发表了《论犹太人问题》和《〈黑格尔法哲学批判〉导言》,这两篇文章的发表使马克思真正转向了唯物主义和共产主义,这一转变使得他更加关注现实,开始关注现实的人的需要问题。

《论犹太人问题》是马克思写作的一篇公开与布鲁诺·鲍威尔展开论战的文章,其主要目的是批判鲍威尔在犹太人问题上的谬论。鲍威尔把宗教视为一切不平等现象产生的根源,他把犹太人的解放简单地归因为纯粹的宗教问题,用以宗教解放为内容的政治解放否定了全世界的人类解放,主张只有消灭宗教才能彻底解决犹太人问题。马克思驳斥了鲍威尔的观点,并且在论战中科学解释了宗教产生的社会根源和阶级根源,并指出社会不平等现象产生的根源存在于现实的社会关系中。与此同时,他明确指出犹太人问题实际上是政治解放不彻底的问题,并详细考察了政治解放和人类解放的区别。马克思批判了鲍威尔的政治解放,"把市民社会,也就是把需要、劳动、私人利益和私人权利等领域看做自己持续存在的基础,看做无须进一步论证的前提,从而看做自己的自然基础"①,在这里他已经看到了资产阶级并不能承担起人类解放的重任。基于此,马克思对二者进行了区分:政治解放是指人们通过资产阶级民主革命获得的解放,即资产阶级的解放;而人类解放则指通过消灭私有制的社会主义革命使人们获得解放,即所有社会阶级和成员的"普遍的人的解放"。质言之,政治解放实现的只是资产阶级的民主自由,而不是全人类的解放。

在明确了政治解放与人类解放存在质的差别之后,马克思又从需要和利己主义的视角考察了犹太教和市民社会的问题。他认为市民社会之所以不能

---

① 《马克思恩格斯文集》第 1 卷,人民出版社 2009 年版,第 46 页。

够实现人的解放,是因为生活在其中的人具有利己性,而把这些利己主义的人彼此联系起来的是"需要和私人利益"①。据此,马克思认为在利己主义原则的影响下,犹太人的本质在市民社会中得到了世俗化的实现,犹太人的经验本质成为了整个社会的犹太本质,即整个社会都充满了经商谋利的、自私自利的气息。所以,要实现犹太人的解放,就要消灭犹太人经商谋利的前提,而"犹太人的社会解放就是社会从犹太精神②中解放出来"③。正是在这一意义上,马克思指出当时的德国并没有真正实现人类解放,生活在市民社会中的人即便脱离了宗教的束缚,也仍然受到金钱等物质财富的控制。这进一步表明,真正的人类解放是摆脱了现实社会中的经济压迫和物质财富的束缚,摆脱了货币和资本对人的奴役。因此,马克思强调只有消灭私有制并对社会进行革命改造,全人类才能得到解放,整个社会才会从根本上得到改造。

在《〈黑格尔法哲学批判〉导言》中,马克思站在唯物主义和无神论的立场上,对黑格尔法哲学进行了深刻批判。马克思开篇就强调了传统哲学对宗教批判的重大意义,阐明了宗教产生的社会根源和宗教本质,指出宗教是"颠倒的世界"产生的一种"颠倒的世界意识"④,还指出了宗教对人们的精神具有麻痹作用。在批判的过程中,马克思看到了德国资产阶级的国家哲学和法哲学对德国现存制度的维护,进一步阐释了对黑格尔法哲学的批判同对现实世界的批判的关系,提出了"向德国制度开火"⑤的革命任务。面对现实的社会问题,马克思开始反思自己以前的思辨哲学思想,更加关注现实的人的生活需要,提出了"彻底需要""社会需要""物质需要""普遍解放的需要"等概念,指出"彻底的革命只能是彻底需要的革命"⑥,而产生彻底需要的基础和前提在当时的德国看来却是不具备的,德国有的只是"纯政治的革命",资产阶级革

---

① 《马克思恩格斯文集》第1卷,人民出版社2009年版,第42页。
② "犹太精神"既指犹太人信仰的宗教,也指唯利是图、追逐金钱的思想和习气,所以犹太人的解放具有双重性:既要在市民社会中废除犹太教,又要让市民社会从犹太精神中解放出来。(参见刘同舫:《马克思的哲学主题》,人民出版社2017年版,第179页。)
③ 《马克思恩格斯文集》第1卷,人民出版社2009年版,第55页。
④ 《马克思恩格斯文集》第1卷,人民出版社2009年版,第3页。
⑤ 《马克思恩格斯文集》第1卷,人民出版社2009年版,第6页。
⑥ 《马克思恩格斯文集》第1卷,人民出版社2009年版,第13页。

命在德国不可能发生。对此,马克思通过对市民社会本身的分析,论证了只有无产阶级革命才能实现人类的解放。因为无产阶级作为一个受到剥削和压迫的苦难阶级,不仅不享受任何特殊的权利,而且他们连最基本的物质需要都得不到满足,这就激发了人们"普遍解放的需要"和"实现普遍解放的能力"的产生。随后,马克思进一步探讨了无产阶级在人的解放中的地位和作用,指出实现人的解放的"头脑"是哲学,"心脏"是无产阶级。① 基于此,他主张要将哲学斗争和革命斗争结合起来。也正是在这篇《导言》中,马克思开启了自己的唯物史观之路,他第一次提出了"物质需要"的概念,将人的物质需要与社会生活联系起来,开始关注人的现实需要和利益,这表明马克思的需要范畴已开始逐步形成。

综上所述,《德法年鉴》时期是马克思思想转变的关键时期,虽然马克思已经关注到了人的需要和利益,也从批判普鲁士专制政府和封建社会的角度提出了人的物质需要等概念,但是没有对与需要相关的概念进行详细的解读,对人的需要的具体分析是从马克思着手研究政治经济学开始的。

第二节　马克思需要理论的基本形成阶段

1844 年初到 1847 年,是马克思需要理论的基本形成时期。1844 年 3 月 26 日,马克思与卢格决裂,《德法年鉴》停刊。之后马克思便着手对资产阶级政治经济学展开批判性研究,他在对资本主义社会经济生活领域展开研究的进程中,也加深了对人的需要问题的相关考察,随着马克思对资本主义社会经济发展规律的逐步揭露,其需要理论在《形态》中得以最终确立。

一、《1844 年经济学哲学手稿》第一次提出"人的需要"

1844 年 5—8 月,马克思写作了《手稿》,这是他的需要理论形成过程中的一部重要著作,是由写在三个笔记本中的手稿组成的,其中笔记本 III 中专门有一节对"私有财产和需要"做了论述。在这部著作中,马克思从唯物主义和

---

① 参见《马克思恩格斯文集》第 1 卷,人民出版社 2009 年版,第 18 页。

共产主义的立场出发,在剖析资产阶级经济学的过程中,批判性地改造了德国古典哲学中的异化概念,提出了异化劳动理论,并通过对异化劳动的分析,首次提出了"人的需要"的概念,系统阐述了人的需要及其在资本主义社会中发生的异化问题。

在《手稿》中,马克思比较详细地分析了人的需要问题,提出了许多需要的概念,如肉体需要(《马克思恩格斯文集》第 1 卷,人民出版社 2009 年版,第 125 页)、社会需要(147 页)、工人的需要(171 页)、低俗的需要和文明的需要(175 页)、人的需要(185 页)、粗陋的实际需要(191 页)、自然的需要(210 页)、利己需要(223 页)、粗陋的需要(224 页)、交往的需要(225 页)、对货币的需要(224 页)、动物的需要(225 页)、交往的需要(225 页)、现实的需要(246 页)、考究的需要(227 页)、工人的粗陋的需要和富人的讲究的需要(229 页)等,这些概念的提出涉及需要的分类、需要的特性、需要的异化以及需要与人的发展的关系等各层面的问题,对于研究马克思需要理论的形成与发展具有十分重要的意义。

关于需要的分类问题。在《手稿》中,马克思认为现实的人在社会生活中有各种各样的需要,所以提出了上述需要的概念,他从不同的角度对各种各样的需要进行了分析,但是没有对需要的类型进行明确的划分。按照马克思在《手稿》中关于需要的相关论述,可以将需要大致概括为以下几类:第一,人的需要和动物的需要。马克思根据是否能进行有目的的、有意识的、自由的、能动的活动,将需要分为人的需要和动物的需要两大类,他指出动物与人最显著的区别就是人有意识,而动物没有,所以动物需要的满足是一种出于本能的活动,而人则通过有目的的实践活动来满足自身的需要。第二,就人的需要的起源来看,人的需要可以分为自然需要(肉体需要)和社会需要。人的自然需要是指维持肉体生存下去的最基本需要,社会需要是指超出自然需要的、为人类所特有的需要,包括社会交往、认知、情感等需要。第三,就不同的人的需要而言,人的需要还可以分为工人粗陋的需要和富人讲究的需要,这是依人的生活状况和需要的文明程度进行的划分。第四,劳动的需要和劳动以外的需要。劳动是人的最根本需要,但是在资本主义社会,工人的合理需要被资本家所剥夺,只能通过雇佣劳动满足自身最基本的生存需要,在这种情况下,工人只剩下劳动的需要,没有劳动以外的其他合理需要;而劳动以外的其他需要是指享受需要和发展需要等。第五,人的需要还可分为对货币的需要和现实的需要。资本家对货币的需要取代了其他所有的需要,使得货币凌驾于人之上,而如果不占有一定量的货币,那么就没有现实的需要①。此外,还有人的利己需要、交往需要等。

关于需要的异化问题。在《手稿》中,马克思分析了资本主义社会中劳动异化的现象,认为造成异化的根源在于私有制的存在。而劳动异化又是需要异化的根源,由于异化劳动的存在,人的需要变成单一的生存需要,人的其他合理需要被资本所剥夺。根据马克思在《手稿》中的论述,需要异化主要表现为需要的粗陋化、物化和工具化。一是需要的粗陋化。在资本主义社会,产品和需要范围的扩大,一方面体现出的实际上是资本家对非人的、精致的和非自然的需要的野心,另一方面却造成了工人需要的萎缩、退化至最低水平的肉体需要。② 二是需要的物化。满足人的基本生存需要的物质需要原本只是人的诸多需要中的一种,但是在资本主义私有制下,人的需要的物化使需要结构失衡,人的精神需要、交往需要、自由而全面发展等需要被异化了的单一的物的需要所代替,物质需要似乎成了唯一需要,物化需要的发展带来的是人的片面化、畸形化发展。根据马克思的观点,导致人畸形化发展的主要原因在于,需要的物化把人的需要局限在物质需要之上,而且随着物化的深入发展,原本维持人生存的物质需要逐步演变为追求更多物质财富的奢侈需要,使得人们变成了纯粹的经济动物。三是需要的工具化。需要的工具化颠倒了目的与手段的关系,满足人的需要本来是目的,而在资本主义社会却变成了控制人的一种手段。在私有制的范围内,每个人都试图创造出一种异己力量来操控他人,以满足自身的利己需要,这种力量在现实社会中的体现就是货币。在发达的商品经济形态上,货币需要成为唯一的需要,人最终成为货币这一抽象物的奴隶,而且需要的工具化使得人丧失了本性。在这种情况下,人的需要降低为动物般的需要,基于此,也可称之为人的需要的动物化。不仅如此,资本家还试

---

① “如果我没有供旅行用的货币,那么我也就没有旅行的需要,就是说,没有现实的和可以实现的旅行的需要。”(参见《马克思恩格斯文集》第1卷,人民出版社2009年版,第246页。)

② 参见《马克思恩格斯文集》第1卷,人民出版社2009年版,第224—225页。

图激起人的"虚假需要",以便达到资产阶级攫取金钱的目的。由此可见,需要异化使需要成为一种异己的力量与人对立,丧失了人的需要的丰富性。

总之,从马克思思想发展历程看,《手稿》是马克思用他当时的哲学理论分析、概括其经济学研究成果的最初尝试,在其思想的发展过程中占有极其重要的地位。《手稿》时期,马克思的思想仍然带有费尔巴哈人本主义的色彩,这就决定了他对人的需要的相关认识不可避免地带有一定的缺陷,但在这部著作中马克思所探讨的需要问题对其后期需要理论的创立具有重要的价值。

二、《神圣家族》为需要理论的形成奠定唯物主义基础

1844 年 9—11 月,马克思、恩格斯共同写作了《神圣家族》①一书,从题目可以看出这部著作的内容分为两部分:一是对批判的批判所做的批判,二是进一步说明该书是对鲍威尔及其伙伴错误观点的批判。"神圣家族"一词是在该书即将出版时马克思加在前面的,旨在嘲讽鲍威尔这一伙"圣"者自以为超乎群众之上,神圣家族把理论活动看作是历史发展过程中的唯一积极因素,并将其称为"批判的批判"。在这部著作中,马克思、恩格斯对鲍威尔等人的思辨唯心主义进行了批判,初步阐释了历史唯物主义的一些重要思想,提出了生产方式的概念,强调了社会物质生产在社会历史发展进程中的重要性。马克思、恩格斯十分明确地肯定了物质利益的重要性,指出:"'思想'一旦离开'利益',就一定会使自己出丑"②,他们始终坚持物质需要和物质利益决定思想的观点,为需要理论的科学创立奠定了唯物主义基础。

在《神圣家族》中,马克思、恩格斯批判鲍威尔的自我意识哲学不过是黑格尔哲学的翻版,而且还是对黑格尔历史观的庸俗化。在这部著作中,马克思、恩格斯对现实社会中的"思想"与"利益"、"精神"与"群众"的关系进行了详细考察,分析了异化状态下资产阶级和无产阶级的前途与命运,更清晰地说明了私有制最终将不可避免地走向自我毁灭的道路,只有无产阶级才能够解放全人类。

马克思、恩格斯驳斥了鲍威尔等人把"精神"与"群众"绝对对立起来的观

---

① 《神圣家族》全称是《神圣家族,或对批判的批判所做的批判。驳布鲁诺·鲍威尔及其伙伴》,马克思在即将发表时,在题目前面加上了"圣家族"(译文作"神圣家族"),圣家族是基督教对耶稣基督、耶稣的生母圣母玛利亚以及养父约瑟的合称。

② 《马克思恩格斯文集》第 1 卷,人民出版社 2009 年版,第 286 页。

点。鲍威尔等人把世界的发展归为"自我意识"①和"实体"的对立,体现在历史观上即"精神"与"群众"的对立,他们认为"精神"是绝对的、自由的,是脱离了群众的独立主体,而"群众"是没有思想的,是懒惰的。这一对立在历史范畴内就表现为少数具有代表性的英雄人物(鲍威尔等"批判的哲学家")与精神空虚的群众(非批判的群众)之间的对立。鲍威尔等人之所以把"精神"与"群众"对立起来,就是要突显出他们这些批判的"哲学家"才是历史的创造者。在批判的批判看来,"在历史活动中重要的不是行动着的群众,不是经验的活动,也不是这一活动的经验的利益,相反,在'这些活动中','重要的'仅仅是'一种思想'"②。鲍威尔等人高度重视"思想"的作用,认为"纯粹的思想"是社会进步和改变世界的动力,在这种思维的影响下,他们把改造社会的活动仅仅归结为批判的批判的大脑活动,他们坚持唯心史观,把群众看作"精神的真正敌人"③。对此,马克思、恩格斯对这种把群众的利益、群众的活动归为"思想"的活动的观点进行了驳斥,指出:从根本上看,"历史的活动和思想就是'群众'的思想和活动"④,而且提出真正的"历史的诞生地"是"地上的粗糙的物质生产"⑤,而不是"思想"。"思想本身根本不能实现什么东西。思想要得到实现,就要有使用实践力量的人。"⑥"有实践力量的人"指的就是处于历史活动中的人民群众,人民群众是思想的创造者和实现者。马克思、恩格斯在《神圣家族》中关于人民群众创造历史的观点为需要理论的形成奠定了唯物主义基础。

马克思、恩格斯批判了鲍威尔等人把"思想"与"利益"对立起来的观点。在《神圣家族》中,马克思、恩格斯批判了鲍威尔的市民社会的成员是利己主义的原子的观点,他们明确指出,市民社会的利己主义的个人不是没有任何需

① 这里鲍威尔所说的"自我意识"是脱离了人而独立存在的东西,是一个"形而上学的怪物",并赋予了其万能的性质,认为"自我意识"是唯一的实在,是绝对的创造主体。马克思指出,鲍威尔的"自我意识"是脱离了世俗的自然界和人的自然的形而上学的抽象。

② 《马克思恩格斯文集》第1卷,人民出版社2009年版,第287页。

③ 《马克思恩格斯文集》第1卷,人民出版社2009年版,第289页。

④ 《马克思恩格斯文集》第1卷,人民出版社2009年版,第286页。

⑤ 《马克思恩格斯文集》第1卷,人民出版社2009年版,第350—351页。

⑥ 《马克思恩格斯文集》第1卷,人民出版社2009年版,第320页。

要的、自满自足的原子,需要和利益使得社会成员彼此联系,凝聚在一个统一体中。马克思、恩格斯还深刻批判了鲍威尔等人把"自我意识"宣称为一切历史活动的积极因素。对此,他们还专门对"思想"的作用作出了唯物主义的说明,指出思想具有能动作用,但是思想能动作用的发挥会受到物质的社会关系、需要和利益等的限制。实际上人们在追求自己目的的历史活动中不可能脱离利益,一切伟大的历史活动都是基于一定的利益发生的,由于利益的主体是人民群众,所以判断历史活动是否成功就要看它对人民群众利益的满足程度。因为"任何在历史上能够实现的群众性的'利益',在最初出现于世界舞台时,在'思想'或'观念'中都会远远超出自己的现实界限,而同一般的人的利益混淆起来"①。马克思、恩格斯借用 1789 年法国资产阶级大革命分析了阶级斗争、社会革命同物质利益的关系。一方面,他们指出,法国大革命时期的启蒙思想家之所以没有实现全人类的解放,就是因为他们超出了自己所代表的仅仅由少数人组成的"群众"(即资产阶级)的利益,把资产阶级的利益和全人类的利益相混淆了。另一方面,他们强调,就资产阶级在这场革命中的利益而言,这场革命是成功的;但对于无产阶级而言却是不成功的,因为革命的原则并不代表无产阶级的实际利益。这说明,随着社会历史的发展,人民群众必然会认识到自身的利益同统治阶级的利益是相互冲突的,这就促使人民群众自觉地参与到社会历史活动中,人民群众是促使社会历史发展的主要力量。根据上文的论述,可以看到"利益"是"思想"的基础,作为上层建筑的"思想"离不开作为经济基础的"利益",即任何思想都是基于一定的物质利益,只有建立在一定的现实利益基础之上、反映社会的现实需要、反映人民群众利益的思想,才能够成为促进社会发展的力量。

《神圣家族》是一部论战性极强的著作,全书充满着革命的批判精神,马克思、恩格斯对以鲍威尔为首的青年黑格尔派的唯心主义历史观进行了批判,为制定新的世界观扫清了道路。从根本上看,在写作这部著作时,马克思、恩格斯的新世界观还没有完全成熟,《神圣家族》中的一些论述还未完全摆脱从费尔巴哈的人的"类本质"异化思想批判资本主义的思路。但是他们关于物

①　《马克思恩格斯文集》第 1 卷,人民出版社 2009 年版,第 286 页。

质利益和需要的论述是马克思主义整个世界观的基础,在这一问题上的观点已经远远超出了费尔巴哈,为马克思需要理论的创立奠定了唯物主义基础。

三、《德意志意识形态》与科学的需要理论体系的创立

1845 年 10 月至 1847 年 4—5 月,马克思、恩格斯共同撰写了《形态》,由于受到当时书报检查机关的禁止与"德国的或真正的社会主义"代表人物的反对,这本书在当时并没有出版,但是作为马克思、恩格斯合作的一部较为成熟的著作,它是马克思、恩格斯思想发展进程中极为重要的一环。这部著作分为两卷,第一卷阐述了唯物史观的基本原理;第二卷揭示了当时"德国的或真正的社会主义"等虚假社会主义产生的哲学理论基础、社会根源和阶级本质。在系统阐述唯物史观的过程中,马克思、恩格斯第一次将"人的需要"放在人类历史发展进程中进行考察,并对人的需要进行了划分,在他们二人的共同努力下,需要理论体系最终在《形态》中得以创立。

需要理论作为唯物史观的重要内容,在《形态》中得到了系统阐释。马克思、恩格斯站在科学唯物史观的立场上,指出了人的需要与人们的生产、生活以及人们之间的社会关系紧密相联,他们二人从需要与历史活动、需要与人的本性、需要与生产的关系、需要的层次等方面分析了现实的人的需要问题,并提出了消除不合理需要的途径。

第一,需要与历史活动。在《形态》中,马克思、恩格斯认为阐释唯物史观的逻辑起点是由生产物质生活本身、新的需要及人类自身再生产三个因素组成的。首先,他们二人指出人类要想生存下去的第一个前提就是"需要吃喝住穿以及其他一些东西""第一个历史活动就是生产满足这些需要的资料,即生产物质生活本身"①。其次,"第二个事实是,已经得到满足的第一个需要本身、满足需要的活动和已经获得的为满足需要而用的工具又引起新的需要"②。此外,第三个因素是"每日都在重新生产自己生命的人们开始生产另外一些人,即繁殖"③,这是人类自身的再生产,起初家庭是唯一的社会关系,后来随着需要的增长,这种家庭便成为了从属关系(德国除外)。与此同时,

---

① 《马克思恩格斯文集》第 1 卷,人民出版社 2009 年版,第 531 页。
② 《马克思恩格斯文集》第 1 卷,人民出版社 2009 年版,第 531 页。
③ 《马克思恩格斯文集》第 1 卷,人民出版社 2009 年版,第 532 页。

马克思、恩格斯还强调了这三个因素是社会活动的三个方面,决不能把它们看作是社会活动的三个不同阶段,三者是同时存在的,它们共同发挥作用,推动社会历史的发展。

第二,需要与人的本性。在《形态》中,马克思、恩格斯论述了需要与人的本性之间是相互联系、相互规定的,他们指出理解人的需要首先必须立足人的本性,而最能体现人的本性需要的是使人成为人且使人的主体力量不断增强的需要,即人的社会需要,这也是人与动物相区别的人的特殊性。就此而言,人与动物的不同之处在于人的需要是人内在的、本质的规定性,人能够通过实践活动来满足自己的多样性需要,从而更好地生活;而动物的需要至多是在自然生理肌体需要的基础上产生的本能需要探求,动物需要的满足只是为了生存下去所做出的自然生理反应。由此可见,人的需要具有实践性,而且需要作为人的劳动活动和社会关系的内在动因,它会不断地推动人们进行实践活动来满足自身的需要,在这个过程中不断创造出新的需要,从而不断推动人类社会历史的发展。

第三,需要与生产。在《形态》中,马克思、恩格斯在唯物史观视阈下阐述了人的需要与生产的关系,进一步深化了"需要是人的本性"的论断。一方面,需要决定生产。"没有需要,就没有生产。"①需要是生产活动的内在动机,推动着社会生产的发展,从这个意义上说,虽然需要决定生产,但是它也会受生产发展状况和现实社会关系的制约。另一方面,生产决定需要。需要是由生产创造出来的,自然界提供的满足人的衣食住行等最基本的生活需要的原材料不能直接为人类所使用,要通过生产活动生产出具体的产品以满足人的需要。根据马克思、恩格斯的相关论述,可以看到需要与生产之间是辩证统一的关系,需要是生产的观念起点,是生产的"前提",离开人的需要的纯粹生产是不存在的;生产是需要的现实起点,是起支配作用的因素,二者是同一过程的两个方面,是相互促进的关系。在此基础上,马克思、恩格斯还在《形态》中指出,需要在现实生活中进一步体现为利益,并对物质利益进行了更为深入、细致的分析,对物质利益的研究使得他们二人更加科学地理解了社会生产活动。

---

① 《马克思恩格斯文集》第 8 卷,人民出版社 2009 年版,第 15 页。

第四,需要的层次。根据马克思、恩格斯关于人的需要的论述,可以看到人的需要是丰富多样且有层次的,可以分为物质需要、社会需要、精神需要以及人的自由而全面发展的需要。物质需要是人的基本需要,也可以称之为生存需要,离开了吃喝住穿等基本的物质需要,人类将不能生存下去。也正是因为这些最基本的物质需要促使人类开始了第一个历史活动——物质生产活动。人类在最初的物质生产实践过程中已经孕育着一定的物质联系,结成了一定的社会关系,产生了人类最初的交往活动形式和认识活动形式,在社会生产和交往过程中产生的需要不再是为了维持人的生存,而是为了满足社会群体的社会生存,这意味着产生了社会需要。在物质生产活动中,人们的交往形式是由生产决定的,这种交往不仅包括人与人之间的物质交往还包括精神交往,这说明"人们的想象、思维、精神交往在这里还是人们物质行动的直接产物"[①]。人有意识、有思维、有精神活动,当然就会有精神需要,精神需要包括人们在认知、审美、道德、情感、友谊和享用文化成果等方面的欲望和需求,是人的高层次需要。在《形态》中,马克思、恩格斯共同论述了人的需要是如何产生、发展直到最终实现人的自由而全面发展的过程。他们指出只要人们还处在分工而不是自愿形成的社会中,人的活动就不是自由自觉的活动,就会成为一种异己的力量压迫着人,只有在共产主义社会,个人才能够自由地选择自己所愿意从事的职业,人的自由全面发展的终极需要才能得以实现。

《形态》是马克思思想进入成熟时期的文本,在这部著作中,唯物史观刚刚确立,随着对人类历史发展规律认识的不断深化,对人的需要的认识也更加深刻。而且,马克思、恩格斯用唯物史观的基本原理来分析人的需要问题,克服了《手稿》中的人本主义倾向,对于科学需要理论体系的确立起到了推动作用。

第三节　马克思需要理论的深入发展阶段

自唯物史观确立之后,马克思的世界观发生了彻底转变,他转变了基于哲

---

① 《马克思恩格斯文集》第 1 卷,人民出版社 2009 年版,第 524 页。

学领域探究问题本原的观念,开始专注于政治经济学研究。其实,早在马克思担任《莱茵报》编辑期间,他就已经开始关注经济学问题,《新莱茵报》的出版以及后来发生的一些事变打断了他的研究,直到 1850 年,他在伦敦重新开始了经济学研究工作。马克思这一时期在经济学领域的研究成果主要体现在《资本论》①及其经济学手稿中,在这些著作中,马克思基于经济学领域考察了现实社会中人的需要问题,对需要理论展开了更加具体的分析与论述,使需要理论得到了进一步的深化与发展。

一、《1857—1858 年经济学手稿》丰富和充实了需要的范畴

马克思写作的《1857—1858 年经济学手稿》②对他在 19 世纪 40 年代所写的著作中阐述的需要范畴进行了进一步补充、完善与发展。在《1857—1858 年经济学手稿》中,马克思提出了许多新的概念,对需要与生产四环节之间的关系展开了具体研究,丰富和发展了需要的范畴。

第一,进一步丰富了必要需要与奢侈需要的概念。马克思早在《1844 年

---

①　当前,随着《马克思恩格斯全集》历史考证版的陆续出版,可以更加清晰地看到,《资本论》手稿可以作为一个相对独立的研究对象加以阐释。目前《1857—1858 年经济学手稿》《1861—1863 年经济学手稿》《1863—1865 年经济学手稿》普遍被各国学者视为研究《资本论》的重要手稿群,这些手稿的面世使得人们开始真正辩证地研究马克思的经济学遗产。其中,关于人的需要的论述主要集中在《1857—1858 年经济学手稿》《1861—1863 年经济学手稿》中。因此,本节主要以这两个手稿以及最终版本的《资本论》为切入点,详细论述马克思在这些文本中对需要范畴的丰富、发展及需要理论体系的最终完成。

②　马克思在 1857—1858 年期间撰写的经济学手稿包括六篇:《巴师夏和凯里》《导言》《〈政治经济学批判〉(1857—1858 年手稿)》《金称量机》《七个笔记本的索引(第一部分)》《〈政治经济学批判〉第一分册第二章初稿片断和第三章开头部分》。在《马克思恩格斯全集》中文第 2 版第 30 卷(1995 年版)中收入了《巴师夏和凯里》《导言》《〈政治经济学批判〉(1857—1858 年手稿)》的前半部分,第 31 卷(1998 年版)收入的是《〈政治经济学批判〉(1857—1858 年手稿)》的后半部分和剩余手稿的其他各篇,其中《〈政治经济学批判〉(1857—1858 年手稿)》是上述六篇手稿的核心部分。遗憾的是,《1857—1858 年经济学手稿》在马克思和恩格斯生前并未发表,1939 年和 1941 年这些手稿由苏共中央马恩研究院用原文先后分两册在莫斯科公开发表,编者加的标题是《政治经济学批判大纲(草稿)》。1968—1969 年苏联学者在编辑俄文版《马克思恩格斯全集》第 46 卷时,将这部手稿易名为《经济学手稿(1857—1858 年)》,后来在中文第一版《马克思恩格斯全集》第 46 卷、中文第二版《马克思恩格斯全集》第 30 卷和 31 卷以及《马克思恩格斯文集》第 8 卷收入这一手稿时,都沿用了这一书名。关于这一标题,虽然在不同版本的资料中有不同的翻译,但是它们指的却是同一文本。(参见《马克思恩格斯全集》第 30 卷,人民出版社 1995 年版,前言第 1 页、注释第 629 页。)

经济学哲学手稿》中就已经提到了必要需要,认为维持工人及其后代生存下去的最基本生活需要便是必要需要。而在《1857—1858 年经济学手稿》中,马克思不仅将必要需要看作一种生存需要,而且将人的必要需要与必要劳动联系起来,同时指出剩余劳动是必要劳动的对立物。"在资本方面表现为剩余价值的东西,正好在工人方面表现为超过他作为工人的需要,即超过他维持生命力的直接需要的剩余劳动。"①即工人的必要需要是依靠必要劳动来满足的,除此之外,工人还要通过剩余劳动来满足资本家对利润的需要。在资本主义社会,资本家对工人的剥削十分残暴,工人只能凭借出卖自己的劳动力满足自身的必要需要,无暇顾及奢侈需要,奢侈需要是资本家所享有的。马克思在这里所提出的"奢侈需要"与在《1844 年经济学哲学手稿》中提出的"富人的讲究的需要"(或者"考究的需要")实际上是同一种需要的不同表达。同时,马克思指出随着生产的不断发展,工人必要需要的范围会扩大,在这种情况下,奢侈品会向必需品转化。基于此,马克思强调在未来消灭阶级差别的共产主义社会,必要需要与奢侈需要之间的对立会被扬弃。

第二,具体阐释了社会需要的概念。马克思在《1844 年经济学哲学手稿》中曾提到过"社会需要"一词,但是没有阐释其具体内涵,在《1857—1858 年经济学手稿》中,他又从不同视角对社会需要的具体内涵进行了深入探讨和详细阐释。一方面,"社会需要即从社会生产和交换中产生的需要"②。马克思指出,人的需要"不是纯粹的自然需要,而是历史上随着一定的文化水平而发生变化的自然需要"③。即在马克思看来,人不仅有自然需要,还有丰富多样的社会需要,如:人的经济需要、政治需要、文化需要及社会活动的需要等。另一方面,社会需要还指共产主义社会中人的需要。共产主义社会是人类社会发展的最高形态,到那时阶级已经消灭,劳动不再是谋生的手段而且成为了生活的第一需要。马克思正是从人类社会整体利益出发,从而引申出人的共同需要,强调在共产主义社会,个人需要与社会需要已经实现了统一。

第三,着重剖析了需要与生产、分配、交换和消费的关系,使得人的需要在

---

① 《马克思恩格斯全集》第 30 卷,人民出版社 1995 年版,第 286 页。
② 《马克思恩格斯全集》第 30 卷,人民出版社 1995 年版,第 524 页。
③ 《马克思恩格斯全集》第 47 卷,人民出版社 1979 年版,第 52 页。

社会生产领域得到了进一步的展开研究,这主要体现在以下四个方面:

首先,马克思论述了需要与生产的关系。一方面,生产决定需要。生产创造出满足人的需要的对象,不管是人的物质需要的满足还是精神需要的满足都是由生产创造出来的。人在生产出新的对象的同时,也生产出了新的需要,需要的范围、深度及广度都是由生产决定的。而且马克思强调,"生产不仅为主体生产对象,而且也为对象生产主体"①,这表明生产创造着人本身,人的创新能力、审美能力及交流能力等等都是在生产过程中形成并逐步提高的。此外,生产还决定着需要的满足方式,需要的满足要借助一定的生产工具或手段,而生产工具或手段的更新是随着生产的发展而不断提高的。另一方面,需要制约或决定生产。马克思指出:"没有需要,就没有生产。"②需要是生产的前提,促使人们进行生产实践活动的最初动力是人们在衣食住行等方面的最基本的生存需要,当人的生存需要得到满足后,人的需要就会逐步向高层次的享受需要和发展需要转变,人的高层次需要会继续推动生产者不断更新生产工具或者创新生产手段从而生产出新的产品。虽然需要是人们进行生产的内在驱动力,但是从根本上来说,人的需要始终是受社会生产制约和决定的。

其次,马克思阐释了需要与分配的关系。在现实的社会生产中,当产品被生产出来之后,产品与生产者的关系就会由直接的内在关系变为一种外在关系。这说明生产出来的产品并不能够直接满足人的需要,要通过社会分配来调节生产者与产品之间的关系,而能否根据个人需要对产品进行分配,取决于社会的生产方式和分配方式。所以,个人需要的满足程度不仅由当时社会的生产状况决定,而且还会受到分配的影响。不同历史时期的分配方式是不同的,分配方式一经形成就会成为新的生产过程的前提和满足个人需要的先决条件。在资本主义社会,不合理的分配制度使得资本家的需要同工人需要的满足形成了鲜明对比,资本家占有的生产资料和获得的产品分配越来越多,用来继续扩大再生产的资本就会越大,如此循环往复,就会使得工人的处境愈发悲惨。

再次,马克思探讨了需要与交换的关系。在现实的社会生活中,个人需要

① 《马克思恩格斯全集》第30卷,人民出版社1995年版,第33页。
② 《马克思恩格斯全集》第30卷,人民出版社1995年版,第33页。

之间存在着差异,个人拥有的产品并不能完全满足自身的需要,为了更好地满足自身需要,人与人之间就会发生交换。交换作为生产与分配和消费之间的中介,是人类最基本的活动,它以平等、自愿为原则,但是在资本主义社会却被货币、资本扭曲了,资本主义社会的交换仅仅是资本统治基础上的形式上的自愿和平等。当交换产生之后,人们的生产便不再是为了满足自己的需要,也为满足他人的需要而进行生产,全社会范围内就会"形成普遍的社会物质变换,全面的关系,多方面的需求以及全面的能力的体系"①。

最后,马克思分析了需要与消费的关系。就需要与消费的本质而言,二者是一致的,消费是需要的满足和享受的动态过程,而且研究需要与消费的关系离不开生产。马克思在《1857—1858年经济学手稿》的导言部分指出了生产与消费具有同一性——"生产直接也是消费"②,"消费,作为必需,作为需要,本身就是生产活动的一个内在要素"③。对于社会生产四环节之间的关系,马克思指出:"生产制造出适合需要的对象;分配依照社会规律把它们分配;交换依照个人需要把已经分配的东西再分配;最后,在消费中,产品脱离这种社会运动,直接变成个人需要的对象和仆役,供个人享受而满足个人需要。"④从这一论述可以看出,社会的生产过程为:生产(起点)——分配——交换——消费(终点)。马克思说过"没有需要,就没有生产"⑤,这表明需要先于生产,是生产的出发点。因此,也可以将人的需要视为社会生产过程的出发点,即需要(起点)——生产——分配——交换——消费(终点)。综上所述,需要是生产的内在动因,生产意味着消费,当人的需要满足之后,消费又会创造出新的需要,即在观念上创造出生产的动机,如此循环往复,从而连续不断地推动着社会生产的发展。

第四,赋予了"需要体系"新的内涵。"需要体系"最初是黑格尔提出的一

---

① 《马克思恩格斯全集》第46卷(上册),人民出版社1979年版,第104页。
② 《马克思恩格斯全集》第30卷,人民出版社1995年版,第31页。
③ 《马克思恩格斯全集》第30卷,人民出版社1995年版,第35页。
④ 《马克思恩格斯全集》第30卷,人民出版社1995年版,第30页。
⑤ 《马克思恩格斯全集》第30卷,人民出版社1995年版,第33页。

个概念,马克思在《1857—1858 年经济学手稿》中又进一步发展了这一概念,并赋予了其新的更多的内涵。马克思指出:"关于需要体系和劳动体系这些问题应当放在什么地方讨论? 在研究的过程中就会知道"①。在这一论断的基础上,马克思基于资本主义社会的现实,分析了资本家为了获得更多的利润,不断扩大生产的范围,尽可能创造出更多的需要以供人们消费,由此带来的是需要体系的范围及深度的进一步发展。

《1857—1858 年经济学手稿》是马克思写作《资本论》过程中的第一部重要的经济学手稿,在其思想发展史上占有重要地位,就像马克思所说的:"它是 15 年的即我一生中的黄金时代的研究成果"②。在这部手稿中,马克思系统研究了资本主义社会的发展,形成了关于人类历史发展的全新认识,在继承前人关于需要思想的基础上,从政治经济学角度对人的需要的诸多基本概念进行了具体阐释,进一步丰富了人的需要的范畴。

二、《1861—1863 年经济学手稿》进一步发展了需要理论体系

《1857—1858 年经济学手稿》完成以后,马克思计划分册出版《政治经济学批判》著作。1859 年出版《政治经济学批判。第一分册》之后,原本计划尽快出版第二分册,但是由于当时领导国际工人运动占据了马克思的大部分时间,加之疾病缠身,马克思被迫中断了经济学研究。直到 1861 年下半年,马克思才重新开始经济学的研究工作,到 1863 年 7 月他完成了一部包含 23 个笔记本的、内容十分庞大的手稿,即《1861—1863 年经济学手稿》,通常又被称为《资本论》的"第二手稿"。作为对《资本论》的补充和辅助读物,马克思的许多思想在这个手稿中比《资本论》正文阐述得还要详细。马克思在这部手稿中,以 19 世纪 50 年代对价值理论和剩余价值理论的研究为基础,主要论述了资本的生产过程、资本和利润、剩余价值的理论和历史三个问题,批判了资本家虚假需要的盛行情况,同时也对资本主义社会人的需要的异化状况进行了尖锐的批判,进一步发展了需要体系。

马克思在写作《1861—1863 年经济学手稿》时,其唯物史观思想已经成

---

① 《马克思恩格斯全集》第 30 卷,人民出版社 1995 年版,第 525 页。
② 《马克思恩格斯文集》第 10 卷,人民出版社 2009 年版,第 167 页。

熟,这为他在这部手稿中的研究提供了坚实的方法论基础。首先,马克思从唯物史观的角度出发,在完善剩余价值理论内核的过程中深化了对人的需要的认识。在 19 世纪 40—50 年代,马克思就已经阐述过剩余价值的来源和生产问题,在《1861—1863 年经济学手稿》中,他进一步考察了资本的流通过程和资本主义生产总过程,基本上建立了广义的剩余价值理论。这主要表现在两个方面:其一,深入研究并完善了劳动价值论,对劳动力商品存在的历史条件及使用价值和价值做了详细论述,揭示出工人的需要得不到满足、工人受到残酷剥削的现实。马克思指出资本主义生产的目的不是满足人们的需要,而是为了获得剩余价值。从满足需要的方式来看,工人一无所有,只能被迫出卖自己的劳动能力,依靠劳动力价值这个中介来换取资本家手中的货币,去购买满足自己必要需要的商品;资本家购买劳动力,劳动力为资本家创造出比劳动力自身价值更大的价值,正是依靠二者之间的差额,资本实现了自身的增殖。在这个过程中,资本家支付给工人工资,表面上看是等价交换,而实际上作为必要需要和劳动力价值的货币形式表现出来的工资掩盖了资本家剥削的事实。在这种情况下,从满足需要的主体来看,必要需要在资本的操控下仅仅成为工人的需要,而不再是人的需要,因为在资本家眼中,"工人"不是人,仅仅是创造剩余价值的工具而已。正是在这部手稿中,马克思全面剖析了劳动力商品的特点,揭开了资本剥削的神秘面纱——资本家与工人之间始终是一种对立的剥削与被剥削的关系。其二,阐释了绝对剩余价值与相对剩余价值生产的方法,更加凸显了工人的悲惨命运。为了获得更多的剩余价值,资本家千方百计地通过延长劳动时间、增加工作强度及提高劳动生产率等方式无偿占有工人的剩余劳动。而且马克思在这部手稿中第一次提出了劳动在形式上和实际上均属于资本的论点,集中说明了资本和劳动关系的产生、确立及发展的趋势。随着资本积累的发展,逐渐呈现出资本家财富与日俱增与工人生活状况愈发恶化的趋势,工人的需要水平也随着劳动生产率的提高和工人劳动能力价值水平的降低而下降。

其次,马克思在探究资本本质的过程中深化了对资本与人的需要关系的认识。马克思之前的资产阶级经济学家通常把资本看作一种物,看作能够生产出更多物质财富的工具,而马克思却指出,"资本不是一种物,而是一种以物为媒介的人和人之间的社会关系"①。在《1861—1863 年经济学手稿》中，马克思把商品作为研究的出发点，从商品和货币关系出发，论证了商品和货币的内在联系，指出货币作为一种特殊的商品，是满足人的需要的中介。马克思基于对货币的考察，研究资本的本质，指出资本和货币是两个完全不同的范畴，资本是能够带来剩余价值的价值，而货币只是资本最初的表现形式。在货币产生后，物物交换发展为商品流通，人们开始用货币购买商品来满足自身的需要，商品通过交换获得货币的同时，剩余价值也得以实现，这便是资本逻辑存在的目的。在资本主义社会中，资本家不断地把剩余价值转化为资本，体现在人的需要领域，就是随着资本积累的发展，人们的某些奢侈需要会变成社会上的一种普遍需要。在这部手稿中，马克思还详细考察了资本主义生产方式下生产力发展、劳动生产力提高的三个阶段：协作、分工和机器，强调随着劳动生产力的不断发展，新的需要被接连创造出来，需要的范围和类型也在不断扩大。

《1861—1863 年经济学手稿》是马克思对在《1844 年经济学哲学手稿》和《1857—1858 年经济学手稿》中没有彻底阐明的经济学问题进一步深入研究而写的著作。也正是在这部手稿的写作过程中，马克思进一步发展了人的需要理论体系，尤其是他基本上建立了广义的剩余价值理论，拨开了资本剥削的迷雾，为《资本论》的写作奠定了基础，也使得人的需要理论不断向纵深发展，日臻完善。

三、《资本论》最终确立了完整的需要理论体系

在写作《1861—1863 年经济学手稿》的过程中，马克思改变了原来的写作计划，不再以《政治经济学批判》为标题，而是将它作为副标题，以《资本论》②

---

① 《马克思恩格斯全集》第 23 卷，人民出版社 1972 年版，第 834 页。

② 马克思计划把《资本论》写成四册：第一册是资本的生产过程；第二册是资本的流通过程；第三册是总过程的各种形态；第四册是理论史。这四册将分为三卷出版，其中第一卷包括第一、二册，第二卷包括第三册，第三卷包括第四册。1867 年《资本论》第一卷出版时，马克思对全书的卷次作了调整：第一卷收入第一册，第二卷收入第二、三册，第三卷收入第四册。马克思逝世后，恩格斯首先清理马克思留下的《资本论》第二卷全部手稿，并对其中的理论内涵、论述思路以及篇章结构进行了仔细分析和深入研究。鉴于这一卷手稿篇幅庞大，恩格斯决定调整马克思原定的《资本论》卷次，将第二册编为第二卷，将第三册编为第三卷。这三卷是马克思写作的理论部分，即通常意义上的《资本论》。另一种广义上的《资本论》指四卷体系，除前三卷外，还包括由考茨基整理的《剩余价值学说史》部分。本书是在通常意义上使用的《资本论》。（参见中共中央党史和文献研究院编：《恩格斯画传》，重庆出版社 2020 年版，第 221 页。）

为标题单独出版。这部著作基本上是对在此以前已经研究出来的经济理论重新进行了深入的、系统的、全面的科学叙述。《资本论》主要内容是研究资本的运动，马克思需要理论就是在对资本批判的过程中逐步构建起来的，随着《资本论》的出版，系统、完整的需要理论体系也得以最终确立。

《资本论》第一卷研究资本的生产过程，进一步探讨了需要在生产过程中的重要地位。在第一卷中，马克思在总结前几部手稿已经阐述的经济学理论的基础上，结合资本主义社会发展的现实，弥补了几部手稿中研究不充分、不彻底的地方，确立了科学的劳动价值理论、剩余价值理论和资本积累理论。首先，马克思创立了科学的劳动价值理论。马克思在《资本论》第一卷开头部分指出："商品首先是一个外界的对象，一个靠自己的属性来满足人的某种需要的物"①，这里所提到的"属性"是指商品的使用价值，它可以满足人们的某种需要。基于此，可以看到马克思对资本主义生产过程的分析是从商品的使用价值开始的，也可以说是从研究人的需要开始的。正是因为商品能够满足人们的需要，才会进行交换，商品价值才会得以实现，尽管使用价值只是商品的自然形式，但是它却不是自在存在的，需要人们依靠生产劳动获取生存资料和生产资料，需要才能得到满足。

其次，马克思发现了剩余价值的奥秘，建立了以剩余价值理论为核心的马克思主义政治经济学。虽然在马克思之前的著作中就已经有大篇幅的关于剩余价值理论的阐述，但是其第一次得到全面、系统、经典的论述是在《资本论》中。从《资本论》第一卷的叙述可以看出，资本生产过程就是资本家雇佣工人创造剩余价值的过程。正是在全面揭示剩余价值的起源、本质和生产的过程中，马克思才对资本主义社会中人的需要的异化状况作出了尖锐的揭露与批判。在他看来，需要不仅是人的本性，而且它与人的本质具有同一性，一个社会中人的需要状况在很大程度上能够反映出人的生存和发展状况，所以马克思认为人的需要应该具有全面性。但是，在资本主义制度的压制下，人的需要降低为动物般的需要水平，人的一切活动都是为了维持肉体生存的需要而进行的，除了人的生存需要，人的其他需要完全被资本所压制。除此之外，资本

---

① 《马克思恩格斯全集》第42卷，人民出版社2016年版，第21页。

家还绞尽脑汁地激起人的虚假需要,以刺激资本主义生产的发展,从而获得巨额利润,这就使得资本主义制度下人的需要面临着一系列的困境,呈现出异化、片面化、机械化的发展趋势。对此,马克思还特别强调,资本主义制度下的资本家同工人一样,也是片面发展的人,他们都受到资本的奴役。由此可见,在这样的社会背景下,不仅人自身的需要难以得到满足,而且由资本家所激起的许多虚假需要也难以得到满足。

最后,马克思强调资本积累理论是剩余价值理论的必然结果,是剩余价值理论的延续和进一步完善。他在分析资本积累绝对的、一般的规律过程中,进一步指出,随着资本主义生产方式的不断发展,资本家对雇佣工人的剩余劳动剥削愈发严重,这不仅使得失业人口增多,广大劳动人民群众的生活更加贫困,工人自身需要更加难以满足,而且进一步激发了无产阶级与资产阶级之间的矛盾。

《资本论》第二卷分析资本的流通过程,指出了资本主义生产的直接目的并非满足人的需要,而是实现剩余价值。第二卷在《资本论》的整体构造中起着承上启下的桥梁作用,主要分析了剩余价值的实现问题,也正是在分析剩余价值如何实现的过程中,阐释了需要体系的扩大。在第二卷第一篇中,马克思阐释了资本的形态变化及其循环,得出了一切循环的共同点是追求价值增殖的结论;在第二篇中论述了资本周转,强调了资本周转速度对剩余价值实现的影响;在第三篇中,研究了社会总资本的再生产和流通,说明了社会再生产是以什么形式和在哪些条件下不断反复进行的。通过以上论述,马克思指出剩余价值只有转化为货币并回到资本家手中才算得以真正实现,而且他强调资本在实现自身增殖的过程中,也促进了人的需要的发展。马克思指出,由于资本主义社会中交换价值所发挥的作用,使得人们产生了一种抽象需要即占有货币的需要,对此,他强调资本主义生产的目的就是满足资本家获得更多交换价值的需要,也就是满足资本家发财致富的欲望。在这种情况下,从工人需要的满足层面来看,这种需要的满足是不公平的,但是从人类社会生产力发展的层面来看,却构成了资本文明的一面。对此,马克思专门指出:"资本的文明面之一是,它榨取剩余劳动的方式和条件,同以前的奴隶制、农奴制等形式相比,都更有利于生产力的发展,有利于社会关系的发展,有利于更高级的新形态的各种要素的创造"①。由此可见,马克思认为,资本虽然一方面剥削、奴役人,但是另一方面,它也能够在实现自身价值增殖的过程中不断地推动社会的发展,也正是在这个过程中不断地引起新的需要的产生和发展,进而人的需要体系的范围也随之扩大。

《资本论》第三卷研究资本主义生产的总过程,进一步分析了如何扬弃资本逻辑对人的控制、真正满足人的需要。第三卷主要研究了资本和剩余价值所采取的各种具体形式,揭示了剩余价值如何在剥削阶级内部分配的问题。也正是在这个过程中,马克思认识到只有扬弃资本逻辑对人的需要的操控,使剩余劳动从资本家手中解放出来归社会所有,把人从资本的束缚中解放出来,才能真正满足人的需要,或者说"个人在自己的自我解放中要满足一定的、自己真正体验到的需要"②,这不仅指人的基本生存需要的满足,而且还包括人的精神需要及发展需要的满足。根据马克思的论述,全部历史是为了使人的需要成为真正的、自然的需要并且得到满足而做出准备的发展史,而资本主义社会中人的需要的异化不过是人的需要发展历程中的一个阶段而已,超越这一阶段是历史发展的必然,整个社会全部需要的真正实现和发展只有到未来的共产主义社会才能实现。

《资本论》时期是马克思思想发展的巅峰时期,这一时期的最大特点就是马克思在唯物史观的指导下,具体研究了资本主义社会生产与发展的全过程。通过分析马克思关于政治经济学的发现,可以看到,从某种程度上来说,马克思的这些发现离不开人的需要,而且他的整个政治经济学体系也是建立在需要理论基础之上的。总之,通过梳理马克思不同时期代表作中对于人的需要的论述,可以看到人的需要理论是伴随着马克思思想发展而不断地得到丰富的,最终在《资本论》中确立了一个完整的需要理论体系。

---

① 《马克思恩格斯全集》第 25 卷,人民出版社 1974 年版,第 925—926 页。
② 《马克思恩格斯全集》第 3 卷,人民出版社 1960 年版,第 347 页。

第三章　马克思需要理论的主要架构

　　马克思以历史唯物主义的基本原则解读人的需要,强调需要是理解人的活动和人类历史的逻辑起点之一。尽管马克思并没有专门的著作集中、系统地论述人的需要理论,但是马克思在不同时期的多部著作中都对人的需要问题做出过阐释,这就需要通过全面、深入地研究马克思的相关著作将人的需要理论完整地概括出来。本章从主要内容、内在结构与人的需要的理论特质三个层面着手解读马克思需要理论,以期从整体上准确理解和全面把握马克思需要理论的实质,为深入探究马克思需要理论的革命性变革及其划时代价值奠定基础。

第一节　马克思需要理论的主要内容

　　马克思需要理论是一个内容丰富的体系,其内容涉及哲学、政治经济学和科学社会主义等领域。本节主要从需要与人的本性、需要与人的本质、需要与生产的关系以及需要与人的发展四个层面论述马克思需要理论的主要内容,这对于全面分析、了解、推动马克思需要理论的研究具有十分重要的意义。

一、需要即"现实的人"的本性

　　马克思、恩格斯在《形态》中提出:"他们的需要即他们的本性"①,在这一论断中,"他们"指的是"现实的人"。因此,这一论断又可以表述为需要即"现

---

　　①　《马克思恩格斯全集》第3卷,人民出版社1960年版,第514页。

实的人"的本性。对于这一论断的理解,要明确何为"现实的人"、何为"人的需要"以及何为符合"现实的人"的本性的需要。

"现实的人"是费尔巴哈率先使用的一个词,他所理解的"现实的人"是感性的"自然人",是作为一种"人是人的最高本质"的抽象概念,不是生活在现实社会生活中的有血有肉的人。马克思不认同费尔巴哈的这一观点,对费尔巴哈关于"现实的人"的思想进行了批判,并创造性地发展了这一思想。首先,他认为"现实的人"不仅是有生命的感性存在,而且是进行物质生产的、处于一定社会关系中的人,是有着现实需要的人,正是这些人的活动构成了社会,构成了历史。其次,马克思认为需要是人与生俱来的一种"内在规定性",人只要存在着,就会有需要,需要是人同外界对象之间的一种内在的、必然的联系。易言之,可以将人的需要简单地理解为人为了自身的生存与发展而产生的对外部世界的一种依赖。而且,人的需要在形式上表现为一种心理活动、主观愿望,它是人们进行一切活动的内在动因。

在明确了"现实的人"和"人的需要"的概念之后,对需要即"现实的人"的本性这一论断的理解就更加清晰了。马克思认为需要即"现实的人"的本性,说明了对需要的研究实际上就是对人性的探寻,要准确理解二者之间的关系,就必须回到马克思的哲学和经济学语境中对他关于人的需要的相关论述进行重新审视。

其一,马克思认为生产在人的存在过程中发挥着至关重要的作用,对人的需要和人的本性的考察应该立足人的生产实践活动。起初,"现实的人"作为一种自然存在物,其生存需要促使人们从事一定的活动使自己活下来。当然人的吃喝住穿等固然也是人的真正的需要,但这些需要只是人的一种生理欲求,是人的最低层次的生存需要,从这层意义上来说,人的生存需要与动物的需要相类似,也就是说这些需要并不是符合人的本性的需要。那么何为符合人的本性的需要呢? 根据马克思、恩格斯的论述,最能体现人的本性需要的应该是使人成其为人而区别于其他一切动物,并且使人的主体力量不断增强的需要,即社会性需要。"现实的人"作为一种社会存在物,有多方面的需要,这些需要和生产促使人们结成一定的社会关系,并通过物质生产实践活动来满足自身的需要,也正是满足人的需要的劳动实践活动将人与动物区别开来,使人具有社会属性。

其二，"现实的人"作为"自由的有意识"的存在物，能够把自己的需要和满足需要的方式当作自己的对象来对待，能够自由地做出选择，这实际上反映的是人与动物相区别的精神属性。精神需要作为人所特有的一种高层次需要，它既包括自由地发挥主观能动性的需要，也包括对人类文化成果享受的需要以及在人与人的交往过程中产生的情感、心理等方面的需要。

其三，自由全面发展的需要是人的发展需要的重要组成部分，是人的最高和最终需要。人的需要的发展史表明，只有当人的生存需要得到满足后，人的社会需要、精神需要、自由全面发展的需要等发展需要才会产生，并逐步得到满足和实现。马克思在谈到共产主义社会人的自由全面发展时，总是将它与人的本性联系在一起，既从人的本性上把握人的自由全面发展的内涵，又从人的自由全面发展中去把握人的本性需要。

总之，需要是由人的本性决定的，但这并不意味着人的本性是多种需要的简单相加。由于"现实的人"是现实的、历史的、具体的人，因此"现实的人"的需要也是不断变化发展的。从根本上看，人的需要是由社会关系的性质和社会实践决定的，这些需要形成了一个有机系统构成了人的本性。人的"每一种生命欲望都会成为一种需要"①，这说明人的需要具有丰富性和多样性，满足人的合理正当需要是每个人都应享有的权利，一切压抑人的合理正当需要的行为都是违背人性的，都从根本上否定了人自身。

二、需要与人的本质具有同一性

目前，学术界关于需要与人的本性、人的本质关系的理解仍然存在着争议，其症结一方面表现在对人的本性、人的本质概念有所混淆。有的人把二者混为一谈，认为它们是绝对一致的，而实际上"人的本性"与"人的本质"这两个词的含义有联系，但也有区别，或者说至少在人性层面上二者是不能完全等同的。人性是一个系统概念，按照由低到高的层次划分为属性、人性、人的本质三个层次。② 也可以说，人性是人成为人而与动物相区别的一切人所普遍

---

① 《马克思恩格斯文集》第1卷，人民出版社2009年版，第322页。
② 参见陈志尚、张维祥：《关于人的需要的几个问题》，《人文杂志》1998年第1期。

具有的一系列属性的总和,是人所具有的一般特性,是从所有个体抽象出来的人类共性。人性包括很多层面的内容,其中人的本质是指人与动物根本区别的、自由的、有意识的类特性,是人性中最重要最根本且具有决定意义的属性。人的本性是指"自然而然的决定人的行为的原初规定和自在规定"①,是人自出生以来就具有的一种内在规定性。由此可见,"人的本性"与"人的本质"两个范畴反映的层次和深度不同,前者是一种直接性的范畴,与人的存在是直接统一的,一般地揭示人类的共同属性;后者是间接性的范畴,属于反思的规定,深刻地揭示人类的共同属性,是"人性"中最本质的概括。症结的另一方面表现在人们对需要的理解和界定存在着不同,学术界存在着一部分人仅仅从人的一些具体需要中理解人的需要,没有将其上升到人性的高度理解。总的来看,"人的本性、人的本质、人的需要,是同一个序列的范畴,人的本性、本质是随着人类社会的不断发展而发展变化的,人的需要也正是在这种发展中不断地人化、净化、健康化、文明化的"②。

在明确了"人性""人的本性""人的本质"范畴的区别之后,需要与人的本质的关系,人的需要在人的发展过程中的重要地位就更加清晰了。马克思从人的本质角度出发理解人的需要,指出需要与人的本质具有同一性,对于这一问题的论述始于马克思基于政治经济学的基本原理对人的本质问题的分析层面。马克思从经济关系入手考察人的本质,认为社会关系是人的本质的现实基础,"人在积极实现自己本质的过程中创造、生产人的社会联系、社会本质"③,这也就说明了人的本质的形成与其需要紧密结合在一起,因为每个人都是受自身需要的驱动才从事一定的社会实践活动,也正是在这一过程中与他人发生社会交往和社会联系,形成社会本质。在这里,马克思实际上是从更高的社会本质角度对"现实的人"的本质作出了新的规定,也正是在这个意义上,我们来探讨需要与人的本质的关系。

纵观马克思思想的发展历程,他对于需要与人的本质关系的理解是随着他思想的不断成熟而发展的。在《詹姆斯·穆勒〈政治经济学原理〉一书摘

---

① 韩庆祥:《思想是时代的声音:从哲学到人学》,新世界出版社 2005 年版,第 48 页。
② 薛德震:《人的哲学新论》,人民出版社 2012 年版,第 143 页。
③ 《马克思恩格斯全集》第 42 卷,人民出版社 1979 年版,第 24 页。

要》(以下简称《摘要》)中,马克思就曾说道:"在你享受或使用我的产品时,我直接享受到的是:既意识到我的劳动满足了人的需要,从而物化了人的本质,又创造了与另一个人的本质的需要相符合的物品"①。这表明马克思实际上已经看到了劳动在满足人的需要过程中的重要地位,并把"人的需要"与"人的本质"作为同一概念来使用。在《手稿》中,马克思指出:"随着对象性的现实在社会中对人来说到处成为人的本质力量的现实,一切对象对他来说也就成为他自身的对象化,成为确证和实现他的个性的对象,成为他的对象,这就是说,对象成为他自身。"②这表明人作为一种对象性存在物,为了使自身需要得到满足,便需要人之外的自然界和对象,也正是在这个过程中,人的本质得以生成、体现和确证。在《形态》中,马克思、恩格斯又提到:"可以根据意识、宗教或随便别的什么来区别人和动物。一当人开始生产自己的生活资料……人本身就开始把自己和动物区别开来。"③这一论断表明,马克思、恩格斯认为人和动物的根本区别在于人的物质生产活动,这种自由自觉的活动体现出来的人的自由和意识是人类所独有的。综上所述,"人的需要映衬着人的本质,但本身并不是人的本质自身,只有人的对象性活动及其创造物才表现人的本质"④。

从马克思关于人的本质的论述可以看到:人的本质是类本质和现实本质的统一,即劳动和社会关系的统一。人的本质是"一切社会关系的总和",并不是对"劳动是人的本质"学说的否定,而是在坚持"劳动是人的本质"学说的基础上,将其具体到人的现实世界中得出的人的现实本质。马克思认为把人和社会"连接起来的唯一纽带是自然的必然性,是需要和私人利益"⑤,这也就将需要与人的本质联系起来。从需要与人的本质的关系来看:一方面,二者有着密切联系。需要是人的全部生命活动的内在动因和根据,正是因为需要的驱动,人们才会从事一定的活动,需要的满足程度涉及人的本质的实现程度。

① 《马克思恩格斯全集》第 42 卷,人民出版社 1979 年版,第 37 页。

② 《马克思恩格斯文集》第 1 卷,人民出版社 2009 年版,第 190—191 页。

③ 《马克思恩格斯文集》第 1 卷,人民出版社 2009 年版,第 519 页。

④ 刘荣军:《财富、人与历史——马克思财富理论的哲学意蕴与现实意义》,人民出版社 2009 年版,第 196 页。

⑤ 《马克思恩格斯文集》第 1 卷,人民出版社 2009 年版,第 42 页。

当人的需要具有利己的性质时,它就反映出社会关系的狭隘性,这时需要就不能表现为人的本质的真正实现;而当人的需要充分表现人的本质力量时,它就反映出社会关系的属人性质,这种需要的发展进而会促进人的全面发展。①另一方面,二者又存在着不同之处。虽然需要对人的本质的生成起着重要作用,但是并不意味着可以把需要归结为人的本质。需要作为人的活动的内在动因,只有当主体的人的内在需要转变为人的外在并作用于对象性实践活动,即主观见之于客观的时候,人的本质才能够实现,进而人的需要也才能得到满足。

人类社会发展史表明,人的各种现实需要的产生及其实现都是由人的各种社会实践活动和社会关系所决定的,其中劳动是最基本的活动。劳动作为满足人自身需要的手段和途径,是人的本质的实现,而在资本主义社会,劳动却成为使自身需要愈加得不到满足的活动,在这种情况下,劳动与需要不再是相统一而是变成了相对立,主要体现在工人从事劳动活动不仅没有增进反而是遏制了自身的需要,人的本质也就发生了异化。基于此,马克思对于资本主义社会中人的需要和人的本质异化的现实大加批判,并指出人的需要的丰富就是人的本质的充实,人以一种全面的方式占有自己全面的本质,人的最高层次需要的满足就是人对自己本质的全面占有,而且这种现实只有在共产主义社会才会实现。

综上所述,马克思从劳动、社会关系和人的需要等不同角度阐释了人的本质,虽然他对人的本质的论述在形式上各不相同,但是在内容上彼此之间却具有内在的统一性,是一个相互统一的有机整体。这启示我们必须认识到人的本质比人性、人的本性更根本,而且三者之间有着严格的区别,决不能相互混淆,只有正确理解它们彼此之间的相互关系,才能全面把握人的本质与人的需要的关系。

三、需要与生产的矛盾是社会发展的动力

马克思指出:"没有需要,就没有生产。"②需要与生产的关系是马克思需

---

① 参见高文新:《马克思理论基本范畴研究》,吉林大学出版社 2007 年版,第 79 页。
② 《马克思恩格斯文集》第 8 卷,人民出版社 2009 年版,第 15 页。

要理论中一个极为重要的问题,根据前文论述,我们知道人的需要是人们从事一切生产实践活动的内在动因,从根本上看,需要与生产的矛盾是人类社会发展的最初动力,二者互为前提、相互制约。

人类生存、繁衍、获得自身的解放和发展,首先必须解决的就是最基本的衣食住行问题。人类的"第一个历史活动就是生产满足这些需要的资料,即生产物质生活本身"①,在这里"第一个历史活动"和"需要"之间的矛盾运动就是推动人类社会发展的动力。生产和需要的矛盾作为一对客观存在的矛盾,贯穿于人类社会的发展过程,它是推动人类社会发展的最原初的、最根源的动力。唯物史观强调社会基本矛盾是社会发展的根本动力,而人的需要与生产这一对矛盾在现实的社会历史发展过程中表现为生产力与生产关系的矛盾运动,所以归根结底,需要与生产的矛盾是推动人类社会历史发展的动力和前提。根据马克思对需要与生产二者之间关系的论述,可以看到不仅需要决定生产,而且生产也决定需要,二者之间存在着一种必然的、客观的辩证统一关系。

一方面,需要决定生产。首先,需要是引起生产的前提和动因。人类社会的任何生产活动,无一例外都是为了满足人的需要。对此,马克思在《资本论》中指出,即便是生活在孤岛上的鲁滨逊,也"终究要满足各种需要,因而要从事各种有用劳动"②。所以,从这个意义上可以说,人的需要引起了生产活动,需要是生产的前提和动因。其次,需要是生产的动力。由前文论述可知,人的需要的内涵十分丰富,不仅包括物质需要、社会需要,而且还包括更高层次的精神需要和人的自由全面发展需要,这就要求人类要通过生产实践活动改造和影响自然来满足自身的需要。起初,人们为了满足生存需要而从事生产活动,后来当物质生产活动满足了自身的生存需要后,人们又产生了新的需要。因此,为了满足自身日益增长的多样性需要,人们又进行着各种各样的生产活动,这种运动形式存在于一切社会中,在不同的历史时期,需要与生产的矛盾的具体内容和具体表现形式不同。由此可见,在社会发展过程中实际上

---

① 《马克思恩格斯文集》第 1 卷,人民出版社 2009 年版,第 531 页。
② 《马克思恩格斯文集》第 5 卷,人民出版社 2009 年版,第 94 页。

普遍存在着人们的需要与社会生产相对不足的矛盾,二者相互作用,共同推动社会的发展。再次,需要在一定程度上决定了生产的对象、规模和方向等。最初,人们的生产活动仅仅是用来直接满足自身生存需要的活动。在原始社会末期,各部落之间出现的畜牧业与农业的分化促进了分工和交换的产生,但这时分工仍然是为了满足生存需要,而不是为了交换。随着生产力的发展和人的需要的不断扩大,产生了以交换为目的而进行生产的商品经济。在实行自然经济的社会,人们生产活动的对象、规模、方向都是由生产者个人需要决定的,而到了商品经济时代,产品出现了剩余,变成了商品,货币和市场随之出现,此时生产者为了获得更多的货币,在进行生产时也会考虑到消费者的需要。社会生产的理论和实践都证明了需要在一定程度上会决定生产的对象、规模和方向等。必须注意的是,笼统地说,需要决定生产是不确切的,在市场经济条件下,只有当人的需要与支付能力相结合形成有效需求时,需要才对生产起到决定作用。最后,在阐释需要决定生产时,必须明确生产不仅指物质生产,繁衍后代也是满足人类维持生命延续的需要的一种生产,而且人们在从事物质生产的过程中也生产着自己的社会关系以及人的精神文化产品。总之,推动这些生产活动持续开展的根源仍然是人的需要,离开需要的生产是不存在的。

另一方面,生产决定需要。尽管生产是围绕着人的需要来进行的,但是需要只是激起人的活动,并不是活动本身,所以在特定的意义上,需要又受到生产的制约,即生产反过来决定需要。首先,生产活动本身生产出人的需要。马克思指出:"需要也如同产品和各种劳动技能一样,是生产出来的"[1],人们的需要必须通过具体的产品来满足,而具体的产品只能由生产提供,从这层意义出发,社会生产水平能够决定人们需要什么种类的产品。其次,生产会创造出需要的主体即消费者。"生产不仅为主体生产对象,而且也为对象生产主体。"[2]对此,马克思运用艺术对象能够创造出懂艺术的大众这一案例来说明生产也能够创造出需要和使用商品的消费者。在消费社会中,人们为了加快

---

[1] 《马克思恩格斯全集》第30卷,人民出版社1995年版,第524页。
[2] 《马克思恩格斯全集》第30卷,人民出版社1995年版,第33页。

资本流通的速度,更快实现资本增殖,就需要由生产来创造出更多需要的主体。再次,生产决定需要的满足程度及满足方式。人们的需要随着社会发展而不断发生变化,需要的满足程度及满足方式与生产力的发展水平密切相关,生产力水平越高,满足人们需要的生产方式就越先进,这主要体现在生产工具的更新换代在满足人们的需要方式上带来的新变化。最后,生产创造出新的需要。"需要往往直接来自生产或以生产为基础的情况。世界贸易几乎完全不是由个人消费的需要所决定,而是由生产的需要所决定。"①虽然前文已经论述过人的需要的全面性决定了生产的全面性,但是当人们开始生产实践后,就发生了变化,原来作为前提的东西,现在变成了结果,开始是为了满足需要而进行的生产,后来变成了为了生产而需要,需要变成了人类生产实践活动的一个因素。生产创造出新的需要的一个典型事例就是今天人们的一些具体需要与一百年前人们的需要已经完全不同,比如手机的生产、网络的发展就创造出了新的需要。

综上所述,需要与生产是辩证统一的,二者之间相互作用决定了人们之间的物质联系,共同构成了人类社会发展的动力。因此,我们必须正确认识二者之间的关系,既不能离开需要谈生产,也不能离开生产谈需要,离开二者的辩证关系,抽象地谈论历史发展的动力是错误的。需要与生产的关系是贯穿人类社会发展始终的最基本关系,二者之间的矛盾对于推动人类社会的发展具有十分重要的作用,可以说人类社会发展史实质上是一部需要和生产相互作用、相互推进且螺旋上升的历史。

四、需要是人的自由全面发展的内在动因

需要与人的发展始终是紧密联系在一起的,正确认识二者之间的关系是研究马克思需要理论的必然要求。通过对马克思关于人的需要问题的论述进行梳理,可以看到人的需要有合理需要与不合理需要之分,只有合理需要才能推动人的发展,进而实现人的自由全面发展的终极目标。

探究人的合理需要与人的自由全面发展的关系,首先必须了解合理需要的内涵。何为人的合理需要?马克思并没有对人的合理需要的内涵做出明确

---

① 《马克思恩格斯全集》第4卷,人民出版社1958年版,第87页。

界定,但是根据他在著作中的一些相关论述,可以总结并归纳出他关于人的合理需要的内涵:第一,合理需要是指符合人的本性的需要。根据马克思的论述,判断需要是否合理,首先,要看它是否符合人的本性,符合人的本性的就是合理需要,反之则是不合理需要。其次,要看这一需要是否符合正确的价值导向,是否能够促进人的发展。在现实社会生活中,人的需要是丰富多样、纷繁复杂的,有积极的、正当的需要,也有消极的、不正当的需要,只有积极的、正当的需要才能促进人的科学发展。马克思看到了资本主义社会工人需要异化的悲惨境遇,认为资本主义制度把工人变成了劳动工具和商品,工人的需要也变成了非人的需要,工人的这种需要不能使工人全面发展,而只能使其畸形、片面化地发展,当然生活在这种背景下的工人已经不是真正意义上的人。第二,合理需要是指与生产力发展水平相适应的需要。需要是通过一定的生产实践活动来得到满足的,而人们开展生产实践活动的效率与生产力的发展水平相关,所以归根结底,人的合理需要是基于一定的生产力发展水平的,超过这个标准,需要就容易转变为虚假需要和奢侈需要。第三,合理需要是指合乎理性和规律的需要。理性是人的本质力量的核心,制约着人的一切活动的开展。人的需要只有合乎理性才能被称为合理性需要,离开理性的制约,人在满足自身需要的过程中所开展的活动会对自然界以及人类社会的发展造成不同程度的破坏,这都不利于人的自由全面发展的实现。而合乎规律的需要是指符合自然界、人类社会和人自身发展规律的需要,只有这样的需要才是真正现实的合理需要。

其次,要明确何为人的自由全面发展?根据马克思的论述,人的自由全面发展是指人的需要、能力、个性及社会关系的全面发展,并且一切发展都建立在自由自觉的基础之上。具体来说:第一,需要的全面发展是指人的物质需要、社会需要和精神需要的全面发展。第二,能力的全面发展是指人的本质力量的实现,包括人的体力、智力以及从事生产的能力、社会交往能力、审美能力等。第三,个性的全面发展是指每个人都能按照自己的思想去发展而形成的品格、爱好、情感、素质、潜能等的总和,个性的全面发展意味着每个社会成员都能获得自由全面的发展。第四,社会关系的全面发展是指人摆脱了阶级利益、社会分工和民族等因素的局限,形成了包括经济关系、政治关系、文化关系等在内的全面社会关系。

　　在明确了人的合理需要与人的自由全面发展内涵的基础上,二者之间的关系就更加清晰。马克思从人的自由全面发展的角度出发,批判了资本主义的生产方式使得经济发展与人的自由全面发展发生了背离,最终导致了人的异化,而且资本家为了获得更多的利润,不顾一切地加大对自然界的掠夺,资本家为了满足自身这一系列不合理需要而开展的活动最终会导致人类陷入生存困境,危及人类的生存。对此,马克思认为要实现人的自由全面发展,必须对人类的生存困境进行改造,而改造的根本途径就是实践活动的开展一定要合乎人类社会和自然界的发展规律。通过上文的论述,我们可以看到人的自由全面发展首先表现为人的合理需要的全面性和丰富性,而人的合理需要的全面性和丰富性具体表现为合理需要种类的增多和层次的提高。换言之,人的需要不断丰富和满足的过程也就是人的自由全面发展的渐进过程。

　　正确理解人的合理需要与人的自由全面发展的关系,关键还在于科学认识"人的对象性实践活动"。人的需要与人的发展是一个辩证统一的过程,统一的基础就在于"人的对象性实践活动"。基于此,马克思强调了物质生产实践在人的需要的满足过程中所起到的重要作用,指出随着社会实践的发展,人的需要与生产发生相互作用决定着人们之间的物质联系,进而形成一定的社会形态。马克思把社会形态划分为人的依赖性社会、以物的依赖性为基础的人的独立性社会以及自由个性得到充分发展的社会。与此相对应,把人的需要也划分为三种类型:直接需要、货币需要和自由而全面发展的需要。由此可见,人的对象性实践活动在满足人的需要及促进人的自由全面发展的过程中占有极其重要的地位。总的来看,在人的需要层次结构中,自由而全面发展的需要是人的最高需要,满足人的合理需要的实践活动是满足最高需要的根本途径。实践活动与人的自由全面发展是相互联系的,实践活动是在需要的推动下进行的,其深度和广度的扩大是由人的需要的多样性推动的,这说明合理需要是促进人开展合理实践活动的动因,也是人的实践能力的体现,它能够推动实践的深入发展。人的合理需要的满足及由它所引起的实践活动又会催生新的需要,正是在新的需要的产生与社会实践的不断循环往复的过程中,人才得到进一步发展。

总之,马克思从人的本性出发,在人的生产实践活动中阐释人的合理需要,把对人的需要的哲学探讨从抽象思辨领域拉回现实世界,以"现实的人"的需要为对象,展开了对人的需要与人的发展的分析与探讨,形成了关于人的合理需要与人的自由全面发展的科学认识。根据马克思的相关论述,人的合理需要与人的自由全面发展是相互促进的,人的合理需要推动人开展合理的实践活动,正是在开展合理的实践活动的过程中,人的本质力量得到实现,人的主体性和自主性得到增强,社会关系得到丰富;同时实现人的自由全面发展才能使人拥有更加丰富、全面和多样的合理需要。

第二节　马克思需要理论的内在结构

根据前文论述我们可以知道,人的需要是丰富多彩的,而且随着社会的发展,人的需要的层次和种类也越来越多,它们彼此间相互联系,构成了一个庞大的需要体系。其实,马克思并没有系统地论述过需要的类别和体系问题,但是在他的著作中却经常涉及这一问题。马克思与以往学者探究人的需要的视角不同,他在社会历史范畴内考察和研究人的需要,在研究过程中,虽然马克思没有明确地对人的需要划分类型和区分层次,但是在他的具体论述中,从横向上可以看到人的需要分为不同的类型,从纵向上可以看到人的需要表现为高低不同的层次。根据马克思对人的需要的相关论述,运用马克思主义的立场、观点和方法,基于历史唯物主义视阈,深入研究马克思需要理论的内在结构并进行科学的归类,对于全面而客观地认识马克思需要理论、解决当前与人的需要相关的问题具有十分重要的意义。

一、自然需要和社会需要

根据需要的起源来划分,人的需要可以划分为自然需要和社会需要。首先,人是自然界的产物,必然具有自然属性;其次,人在社会中生存和发展,不可避免地也会带有社会属性。既然作为需要主体的人具有自然属性和社会属性,那么人的需要必然也会带有自然属性和社会属性。

所谓自然需要,是指人作为自然存在物,为了维持自身生命和种族的繁衍,在物质世界中所产生的对衣食住行及繁衍后代等最基本的生理需要,有时马克思也将其称为生理需要或直接需要。根据马克思的相关论述,人的自然需要的特点主要包括两个层面:其一,自然需要是人作为自然主体的前提性的"必要需要"。自然需要是人与生俱来的一种本性需要,现实社会生活中的人从出生的那天起就具有自然需要,人不可能脱离这些肉体需要而存在,这同时说明了自然需要的满足会受自然发展规律的制约。对此,恩格斯曾说过:"人来源于动物界这一事实已经决定人永远不能完全摆脱兽性,所以问题永远只能在于摆脱得多些或少些,在于兽性或人性的程度上的差异"①,也就是说,人永远都存在着自然需要。其二,人的自然需要不是纯粹的自然需要。就这一层面而言,人的自然需要与动物不同:动物只有生物性需要,它们的这种需要只是出于本能,只能依靠自然界赋予的能量来满足自身的需要;而人的自然需要不只是纯粹的生物性需要,而且只依靠自然界提供的纯粹客观对象并不能够满足人的自然需要,这些客观对象必须经过人类的实践活动进行加工与改造才能够满足人的基本需要,也正是实践活动将人的自然需要与动物的自然需要区分开来。当人的自然需要的表现形式和满足形式发生变化之后,人的自然需要也已经"不是纯粹的自然需要,而是在一定的文明状况下历史地发生了变化的自然需要"②,是社会化了的自然需要。

所谓社会需要,是指人作为社会存在物,在社会生产和交换过程中产生的超出自然需要之上的、为人类所特有的需要,包括社会交往的需要、情感的需要、认知的需要、道德的需要等。马克思在不同时期的不同著作中多次提到社会需要这一概念,而且不同时期对社会需要的理解不尽相同,即社会需要是一个内涵丰富的概念,它主要包含三层含义:第一,社会需要是人更为本质的需要。由上文的论述可知,人既有自然需要又有社会需要,而社会需要是符合人的本质的,区别人与动物的更为重要的需要。第二,人的需要不只是个人的个别需要,更是社会化的人的需要。人不是孤立存在的,任何个人都处于一定的社会关系中,在这种社会关系中诸多社会需要被生产出来,可以说除了人的

---

① 《马克思恩格斯文集》第9卷,人民出版社2009年版,第106页。
② 《马克思恩格斯全集》第32卷,人民出版社1998年版,第57页。

自然需要外,人的其他需要都是在社会中产生的,即便是人的自然需要也被打上了社会化的印迹。基于此,在社会化需要的推动下,社会生产也在不断向前发展,从这一层面的意义上来看,个人需要同时也是社会化的人的需要。第三,社会需要是指社会地生产出来的需要。马克思指出:"社会需要即从社会生产和交换中产生的需要越是表现为必要的,现实财富的发展程度便越高。"①在这一论断中,马克思所谈论的社会需要是指商品经济社会中人的需要,即生产者不是为了自己而是为了他人生产产品,进而通过交换来满足的需要。

就人的自然需要与社会需要的关系而言,二者是相互联系的。一方面,人的自然需要处于人的需要中的最低层次,只有自然需要得到满足,人才会追求社会需要的满足;另一方面,人的自然需要也会受到社会需要的影响而发生变化,从而打上社会的烙印。概言之,从人的需要的历史发展进程来看,自然需要是社会需要形成的前提,社会需要是从自然需要发展而来的;从人的需要的构成来看,自然需要是社会需要的基础,社会需要是自然需要发生的质变,自然需要以被扬弃的形式包含在社会需要中。由此可见,人是集自然需要与社会需要于一身的统一体。

二、个体需要和群体需要

根据需要的主体来划分,人的需要可以划分为个体需要和群体需要。现实社会生活中的人,既以个体的形式存在,同时又能够与他人结合形成不同的群体,从而以群体的形式构成整个人类社会。基于此,按需要主体的集合程度来划分,有的学者认为人的需要应分为个体需要、群体需要和社会需要,而在这里,本书将社会需要即在全社会范围内的人们为了生存和发展所形成的需要纳入群体需要进行论述,不单独作为一类进行阐释。

所谓个体需要,是指"本身归结为自然主体的那种个人的需要"②,即人类个体维持自身生存和发展的需要,是人的需要的最普遍形式。在现实世界中,个体有着复杂的、各式各样的需要,有合理的需要,也有不合理的需要,不管何

---

① 《马克思恩格斯全集》第30卷,人民出版社1995年版,第524页。
② 《马克思恩格斯全集》第30卷,人民出版社1995年版,第525页。

种形式的需要都与个人的生活紧密联系在一起。综合来看,不管是需要的产生,还是满足需要的方式都与个体及其生活有关。由于个人自身所处的生活环境和社会地位不同,其需要也不尽相同,但是无论个体需要之间存在着多大的差异,生活在现实社会中的人都离不开社会这个群体而存在。虽然个体要服从于群体,个体需要也会受到群体需要的制约,但这并不意味着个体需要不重要,因为人的需要最开始是以个体需要的形式表现出来的,而且评价人的需要是否得到满足的标准也是看个体需要是否得到满足。与此同时,我们还应意识到人类社会这个大的群体是由诸多个体及其相互作用构成的,因而没有个体合理需要的满足,人类社会也就很难进步。

所谓群体需要,是指以某种纽带或某种共同利益为基础的个体形成的集合体所共有的需要。在现实社会中,由于不同的个体所追求的利益不同,也就会组成不同类型的群体,因而也就形成了丰富多样的群体需要。如:以血缘为核心形成的氏族、部落、家庭等血缘群体需要,以追求民族团结、合作、发展为核心形成的民族群体需要,以谋求经济利益结合形成的集团或企业的经济群体需要等。由此可以得出结论,群体需要实际上就是以某个群体或社会整体作为需要主体而共同所有的需要,是一种一般的、普遍的需要。其实,现实世界中的人,无论是个体还是群体,都是人类社会的组成部分,人既然生活在社会中,人们之间就会存在着共同的社会生活和生产,这些社会生活和生产单靠独立的个体力量是不能实现的,需要通过群体内成员的合作才能实现。虽然群体内一些成员的个体需要仍然存在着特殊性,但是彼此之间也具有共同性,因为生活在同一群体内,基本有着大致相同的生活环境、信仰追求和利益追求等。

人的个体需要和群体需要是辩证统一的关系。一方面,二者是相互联系、相互作用的。任何时候个体需要总是存在着的,是群体需要的基础,没有个体正当需要的满足,就不会有群体需要的满足与发展,更不会有社会的发展与进步;群体是由独立的个体组成的,群体需要包含个体需要,虽然群体成员中的个体需要有其特殊性,但相互之间又有共同性,不包含个体需要的群体需要是毫无意义的抽象概念,同时也必须明确群体需要不是个体需要的机械相加,而是个体共同需要的集体表现。另一方面,二者之间存在着矛盾,这种矛盾有时是对立的、根本性的矛盾,有时又是非对立的、非根本性的矛盾。比如在资本主义社会,二者的矛盾表现为阶级之间的对立和冲突;在社会主义社会,个体需要与群体需要从根本上来说是一致的,当二者发生矛盾或冲突时,要优先满足群体需要,在二者基本一致的情况下,要最大限度地满足个体需要;到了共产主义社会,二者不再存在着矛盾或对立,虽然在共产主义社会整体上还存在着需要的差别,但是人的自由全面发展的群体需要将成为最高需要。总之,只有把个体需要与群体需要统一起来,才能使群体和个体都能得到和谐的、更好的发展,也正是由于个体需要与群体需要的相互作用,才形成一股合力,推动人类社会历史不断向前发展。

三、物质需要和精神需要

根据需要的客体来划分,人的需要可以划分为物质需要和精神需要。在马克思关于需要的论述中,物质需要和精神需要是两个完全不同的范畴,物质需要是指需要的对象具有物质性,属于低层次的人类需要;精神需要是指在物质需要以外的心理活动和精神产品方面的需要,属于高层次的人类需要。

所谓物质需要,是指人们在物质生活方面的需要,既包括对物质生活资料的需要,又包括对物质生产资料的需要,它是"人类生存的第一个前提"①,是人的最基本的需要,也可以说物质需要是人的其他一切需要的基础,也是使人成其为人的基础。一方面,物质需要具体是指人对衣食住行等最基本的物质生活资料的需要,其贯穿于人类社会发展始终。如在原始社会初期,人为了求得生存而奋斗,即使发展到共产主义社会,人的物质需要也依然存在。另一方面,人的物质需要还包括对生产工具、机器设备等物质生产资料的需要。随着生产力的发展,物质生产资料的不断增加为扩大再生产提供了更多的物质条件,从而生产出更多的产品来满足人们的需要。总之,从人的需要的产生、满足及其发展的过程来看,作为需要主体的个人要生存和发展,就不可能脱离物质需要而存在,而且随着人类社会的发展,物质需要的层次也会逐步提升。

所谓精神需要,是指人们在精神生活方面的需要,包括人们在求知、审美、道德、情感、友谊和享用文化成果等方面的需要。人作为一种有意识的存在

---

① 《马克思恩格斯文集》第 1 卷,人民出版社 2009 年版,第 531 页。

物,其一切活动都是在意识支配下进行的,因此人就会有精神活动,当然就会有精神需要。精神需要是相对于物质需要而言的,在原始社会时期,由于当时的生产力水平极其低下,人们最基本的生存需要难以得到保障,在这样的情况下,人们试图通过对异己力量(自然、鬼神、图腾等)的崇拜弥补自身的不足,这说明物质需要一经产生就有各式各样的精神需要相伴产生了。在科学理解和全面把握人的精神需要的内涵时,要注意精神需要和精神本身不同,精神需要有自己的客观对象,它是人对物质派生出的精神产品的一种依赖,因此,可以通过一定的物质手段来满足,它也是一种客观的社会需要。当前随着人类精神文明的发展,人的精神需要的内容和水平愈益丰富和提高,对此人应充分发挥自身的创造性才能,创造出高质量的产品和服务来满足人的精神需要。由此可见,精神需要的满足程度及其发展水平已成为衡量个人或国家文明程度的重要标志。

物质需要和精神需要有着密切的关系,二者相互影响、相互渗透。首先,物质需要是人维持自身生存的前提,只有在最基本的物质需要得到满足后,才会产生精神需要,物质需要能否得到满足以及在多大程度上得到满足决定着精神需要的满足情况。其次,精神需要具有相对独立性。精神需要是物质需要的向导,高层次精神需要的满足能够促进物质需要的产生和发展。比如随着精神需要中认知水平的提高,为更好地创造新的物质产品来满足人的需要提供了较好的智力支持,但从根本上说,精神需要仍然受到物质需要的制约。此外,物质需要和精神需要往往是相互渗透、相互融合的,在某种特定的情况下,二者可以同时得到满足。比如衣服最初是用来满足人们抵御严寒酷暑的需要,后来随着社会的发展,人们设计出不同风格的衣服,致使服装设计成为一门职业,发展为一种艺术,在这种情况下,衣服在满足人们防寒保暖需要的同时,也满足了人们的审美和艺术需要。但并不是任何时候、任何情况下物质需要与精神需要都可以同时得到满足。因此,在人的需要结构中,只有丰富的物质需要和精神需要存在并得到满足,人的需要结构才是完满的。

四、生存需要、享受需要和发展需要

根据需要的层次性来划分,人的需要可以划分为生存需要、享受需要和发展需要。在《自然辩证法》中,恩格斯把满足人的需要的对象划分为:生活资料、享受资料和发展资料,对此,马克思也基于唯物史观视阈对人的需要问题展开了研究,并从纵向上将其划分为依次递进的生存需要、享受需要和发展需要。这一划分不仅体现出了人的需要的主要内容,而且反映出了人的需要由低级到高级的发展过程。

所谓生存需要,是指为了维持人的生命存在及种族延续而产生的最基本的需要,在人的需要的三层次中居于最低层次。人要生存下去就要有饭吃,有衣穿,有屋居,这些基本需要如果得不到满足,人的生命就得不到维持,而且人的生存需要的满足是人从事其他一切活动的必要条件,所以,人要存活首先必须满足自身的生存需要。与此相关,人的生存需要的满足离不开社会,人类在改造自然满足自身需要的过程中,结成了复杂的社会关系,包括人与人、人与群体、人与国家之间的关系。这些社会关系同衣食住行等一样也是生存需要的重要组成部分,它们共同构成了人类最为现实的生存需要。

所谓享受需要,是指在人的生存需要得到满足的基础上,随着生产力的发展,产生的一种追求更高层次生活质量的需要。根据马克思、恩格斯的论述可以看到,人的需要是不断发展的,并且呈现出一种上升的趋势。恩格斯赞同俄国学者彼得·拉甫罗维奇·拉甫罗夫的观点,"人不仅为生存而斗争,而且为享受,为增加自己的享受而斗争……准备为取得高级的享受而放弃低级的享受"①。由此可见,享受需要实际上包含着双重属性的内容:其一,享受需要追求与生存需要相关的更高水平的物质生活条件。当人们解决了最基本的温饱性生存问题之后,就开始追求更加丰富和舒适的物质生活,比如在服饰方面,人们不再只是为了遮羞和抵御寒冷,而开始追求面料的舒适性和美观;在吃的方面,人们不再只是为了解决温饱问题,而更注重吃的营养和健康;在住的方面,人们不再只是要求抵御酷暑严寒,而是追求住得更加舒适等。即人的生存需要得到基本满足后,人们就会进一步追求更高水平的生活条件。其二,享受需要还追求精神层面的需要。人们在享受充裕和富足的物质生活的同时,也会追求丰富多彩的精神生活,如在满足了基本的生存需要之后衍生出的为保

---

① 《马克思恩格斯文集》第10卷,人民出版社2009年版,第412页。

持心情愉悦所需的享乐服务,如艺术、休假、旅行等,马克思曾称这种需要为"奢侈需要"。马克思充分论证了享受需要存在的合理性,他指出随着生产力的发展,人们享受需要的满足程度也会不断提高,此外,他还强调了划分生存需要与享受需要的标准也会随着生产力的发展而发生变化。总之,满足享受需要既有物质性追求,又有精神性追求,享受需要使满足人的需要的劳动实践活动与享乐达到完美的统一。

所谓发展需要,则是指人为了维护和增强个体的个性发展、展现人的本质力量,实现人的自由而全面的发展产生的需要。恩格斯在同意拉甫罗夫的"人为生存需要和享受需要而斗争"观点的基础上,从自身前提出发指出:"人类的生产在一定的阶段上会达到这样的高度:能够不仅生产生活必需品,而且生产奢侈品,即使最初只是为少数人生产。这样,生存斗争——我们暂时假定这个范畴在这里是有效的——就变成为享受而斗争,不再是单纯为生存资料而斗争,而是为发展资料,为社会地生产出来的发展资料而斗争。"[1]这表明恩格斯在同意拉甫罗夫所提出的人有生存需要和享受需要观点的基础上增加了人的发展需要,并强调发展需要是人所特有的需要。在马克思、恩格斯看来,发展需要是一种超越肉体需要和自我实现的高层次精神需要,它既表现为劳动从谋生手段转变为人的第一需要,又表现为每个人的"自由个性"在科学文化和思想道德等领域内自由而全面发展的需要。

根据上文的论述,可以看到人的三层次需要之间是相互联系的。与生存需要相比,享受需要属于较高层次的需要,而发展需要则属于最高层次的需要。其中,生存需要的满足是享受需要和发展需要的基础,享受需要是介于生存需要和发展需要之间的过渡性需要,生存需要以发展需要为目标指向,发展需要以生存需要的实现为基础,当人的生存需要得到满足后,势必要产生享受需要和更高层次的发展需要。当然,人的这三个层次需要的同时满足不是在任何社会形态下都能够实现的,只有在生产力高度发达的共产主义社会才会得到满足。

一言以蔽之,马克思需要理论是一个内容十分庞大的体系,具有复杂的内

---

① 《马克思恩格斯文集》第 10 卷,人民出版社 2009 年版,第 412 页。

在结构和层次。人的需要按照不同的角度和标准可分为不同的类型,而各种类型之间是相互联系的,这说明人的需要是一个整体结构,各种分类仅仅具有相对的意义,并不互相排斥。人的需要的全面性和不断丰富性的趋势,需要对人的发展和社会发展的推动作用均源自人的需要的内在结构。

第三节　马克思需要理论中人的需要的理论特质

通过梳理马克思的经典著作并认真辨析其中关于人的需要问题的论述,可以看到马克思需要理论是一个内容十分丰富的理论体系,与前人的需要思想相比,马克思需要理论具有相对独立的体系结构,而且他主张人的需要具有自身独特的理论特质,这主要体现在人的需要具有客观物质性、社会历史性、无限广泛性和主观能动性层面。

一、需要的客观物质性

人的需要是一个客观范畴,需要的客观物质性是人这种社会性的物质实体内在固有的,主要表现在两个方面:其一,人的需要在内容上是客观的,在形式上是主观的;其二,人的需要是以物质性为基础的客观必然现象。

根据马克思、恩格斯对人的需要的相关论述,一方面,可以看到人的需要在内容上是客观的,这主要表现在三个方面:第一,需要的主体是客观存在的。人作为现实社会中客观存在的实体,同时也是需要的主体,具有客观物质性。第二,满足人的需要的对象是客观存在的。需要依靠于一定的外部对象才能得到满足,而这些外部对象都来自客观的外部环境、实际存在着的物质生产和生活资料以及由此产生的精神生活资料等。而且,相对于主体来讲,无论需要的实际内容是物质的还是精神的,其对象都是客观存在的。第三,满足人的需要的手段是客观存在的。需要的满足依赖于人的实践活动,实践活动是主观见之于客观的物质活动,具有客观物质性和直接现实性的特点。实践活动的直接现实性能够将人主观的需要借助于一定的工具作用于客观对象,改变客观物质世界的形态和性能,将其变为客观现实来满足人的需要。综上所述,人本身是客观存在的主体,满足人的需要的对象和手段也都是客观存在的,因而人的需要具有客观物质性。另一方面,人的需要在形式上是主观的,这主要是指作为需要主体的人是有意识的,由于人每时每刻都把自身作为意识的对象,因而人的需要总是被意识到的、能动的需要,它激励着人们开展一系列活动,外在表现为人的欲望、追求、偏好等思想上的主观性的东西。正是因为需要在形式上的主观性,导致很多人往往把需要理解为人的主观意识,甚至用利己主义来否定人的各种需要。这种观点是错误的,承认需要在形式上的主观性,并不是说需要是一种主观的产物,更不是说需要来源于人们的任意想象,这就对严格区分需要在形式上的主观性与主观产物提出了更高的要求。

由上文的论述可知,需要的产生、满足和发展会受到自然环境、社会条件、社会关系等多方面的客观条件和规律的影响与制约。一方面,人作为自然界的产物,人的肉体组织及其生长不可避免地具有自然属性,有着自然需要,这种需要保持着天然的物质性,人的需要的对象归根结底是存在于自然界中的,人类只有从自然界中才能获得维持自身生存与发展的必要的物质生产资料,这体现出需要的满足必然受到自然规律的制约。但是,另一方面,人自身的生产除了受自然规律的制约外,主要还受制于物质生产状况,尽管人的自然需要来自客观存在的自然界,但是满足人的需要的物质不是纯粹的自然物,而是被纳入人的实践范围内的具有社会属性的自然物,也就是说,人不能满足于自然界事物那种自在的现成形式,人的自然需要只有通过一定的物质生产实践活动才能满足。而物质生活的生产方式作为生产力与生产关系的统一体,将自然界的一部分转化为社会的物质生活条件,实现了人与自然之间的物质交换,是一种特殊的社会存在。总之,人的需要的产生、满足和进一步发展的内容取决于人所处的社会物质生活条件,或者说需要是人的生命活动的基础,人的生命活动表现为物质的运动,物质需要是人的全部需要的基础,而物质生产实践在人的需要的满足和新的需要的形成过程中起着基础性和决定性作用,所以说人的需要始终是以物质性为基础的。

概言之,需要作为一种客观的物质性因素,是人的生命存在、发展和延续的直接反映,它是人的主体世界与外在客观世界发生的一种必然联系,体现为人对客观世界的一种依赖关系,因此,可以说人的需要具有客观物质性。

二、需要的社会历史性

人是社会存在物,任何人都不能脱离社会而孤立的存在,社会属性是人的本质属性,而人又是社会需要的主体,所以需要也具有社会性。人类社会历史就是从人的需要出发,逐步完整地展现出来的,因而需要具有社会历史性。

人的需要的社会性,首先体现在从事实践活动的主体是社会中的人。人是社会中的人,人的需要必然带有社会性。人为了满足自身的需要而从事一定的生产实践活动,并在活动过程中结成各种社会关系,人的社会本质也正是通过对象性的实践活动——生产劳动创造出来的,可以说人的一切活动都是社会性活动。马克思指出,人的"活动和享受,无论就其内容或就其存在方式来说,都是社会的活动和社会的享受。自然界的人的本质只有对社会的人来说才是存在的"①。也就是说,由于人的活动在社会中产生并在社会中发展,所以其需要也带有社会性。其次,人的需要是在社会中产生的。当人的生存需要得到满足后,人们就会追求更多的、更高水平的物质需要、精神需要、享受需要、发展需要,这些需要都是在社会中产生的。最后,满足人的需要方式具有社会性。上文已经论述过,人通过生产劳动来满足自身的需要,而开展劳动活动必然会结成一定的社会关系,在社会关系中人的劳动便带有社会性。而且劳动不仅能满足人的需要,还会创造需要,即人的需要作为一种积极的、能动的需要,能够生产出直接的社会联系,这也是人与动物的区别。对此,马克思认为正是由于个人需要和利己主义的存在,才产生了人的社会联系。

人的需要还具有历史性。人的需要是社会性的需要,所以它必然会随着社会历史的发展而发展,这主要体现在随着社会实践的发展和生产力水平的提高,人的需要的水平也在不断地发展,并且呈现出日趋多样化的趋势。一方面,需要的历史性体现在需要的产生、满足和发展是一个历史过程。需要是人的本性,它推动着人类从事实践活动,是人类历史发展的起点和动因,人类历史就是在需要的产生、满足和发展的过程中不断向前发展的。起初,人的需要只是最低级的生存需要,后来在生存需要得到满足后,又产生了新的需要。随着生产力的发展,需要的类型和范围也在逐步扩大,即人的需要是随着社会历

---

① 《马克思恩格斯文集》第 1 卷,人民出版社 2009 年版,第 187 页。

史的发展变化而不断变化的。另一方面,在不同的历史阶段或者说在同一历史阶段的不同历史条件下,需要的内容及其满足方式是不同的。正如马克思所指出的,"我们的需要和享受是由社会产生的;因此,我们在衡量需要和享受时是以社会为尺度,而不是以满足它们的物品为尺度的。因为我们的需要和享受具有社会性质,所以它们具有相对的性质"①,这说明人的一切需要都是由特定的历史发展阶段所决定的,满足人的需要的活动方式具有社会历史性,所以人的需要也具有社会历史性。值得注意的是,每一代人所生活的现实的社会环境决定了他们不可能超越他们生活的时代提出不能实现的需要,比如古代人没有对电视、冰箱和网络的需要,这说明人的需要必须和他所生活的社会生产力发展水平相适应。

通过上文的论述可以看到,需要的社会性和历史性是不可分割的统一整体。人的需要的性质和内容是由社会规定的,需要的满足和发展水平也受一定的社会历史条件的影响,而且,需要作为历史活动的目的,它与社会历史发展同步,随着人类社会历史的发展而不断地扩展、丰富和满足,人在需要的不断更新与满足的过程中推动着历史向前发展。

三、需要的无限广泛性

"人以其需要的无限性和广泛性区别于其他一切动物"②,这说明人的需要与动物单一的需要不同,人有各式各样的需要,具有无限广泛性。从广义上说,人的需要无外乎两个方面:物质需要和精神需要。物质需要主要是指人们对衣食住行、健康、安全、医疗、体育等基本的物质生活资料的需要,精神需要是指人们在社会实践过程中产生的对各种精神资料的需要,包括愉悦、求知、审美、自尊和自我实现的需要等。物质需要的满足是精神需要产生的前提,随着社会的进步,精神需要的满足在人的发展过程中也占据着日益重要的位置,成为推动人的发展的主要内容。对于精神需要在人的发展中的地位,有学者指出:"人的精神需要就像人体需要维生素一样,没有意识、理性、意志等精神活动的生命就是缺乏人性的生命"③。随着社会的发展和时代的进步,需要不

---

① 《马克思恩格斯文集》第1卷,人民出版社2009年版,第729页。
② 《马克思恩格斯全集》第38卷,人民出版社2019年版,第11页。
③ 袁贵仁:《人的哲学》,工人出版社1987年版,第102页。

断地得到丰富,需要的满足和满足需要的实践活动又引起新的需要,这也就说明了人的需要的产生和满足是一个不断变化发展的动态过程。在原始社会,由于生产力水平极其低下,人们的生存需要难以得到满足;在资本主义社会,生产力获得了巨大发展,不仅人的物质需要得到了较大程度的满足,而且人的需要越来越多样化,需要对象越来越多,需要范围扩大;到了共产主义社会,人的需要将呈现出前所未有的丰富性和广泛性,在那时,人的物质需要和精神需要都将得到极大程度的满足。

人的需要具有无限性,这主要表现在两个方面:其一,人的需要的满足方式体现出无限性。就需要本身而言,人与动物根本不同,动物的需要是天生的,而人的需要是人类自己创造出来的。就需要的满足方式而言,动物依靠自然界提供的直接的、现成的东西满足自身的需要,这种满足不仅受到自身肉体存在和自然界的双重限制,而且无法超越自然界,即动物的需要是狭隘的、有限的;而人的需要却可以依靠自身的创造性实践活动来满足和催生新的需要,正是因为创造性实践活动具有一定的目的性和能动性,人的需要才有了无限发展的可能。其二,人的需要呈现出无限性的发展趋势。人的需要与动物需要的一个十分重要的区别在于,人的需要不是固定不变的,而是会随着生产力发展而不断发展变化,生产力的无限发展为人的需要的发展提供了物质基础。

人的需要具有广泛性,这主要表现在两个方面:一是现实生活中的人具有多种多样的需要。就人的需要的类型来看,人们不仅有生理层面的需要,还有心理层面的需要;不仅有物质层面的需要,还有精神层面的需要;不仅有衣食住行等最基本的生存需要,还有求知、娱乐、审美等享受需要和人的自我实现的发展需要;不仅有低层次的需要,还有高层次的需要;此外还有经济需要、政治需要、交往需要等,这些需要构成了一个复杂的需要体系。对此,有学者指出:人的"需要不仅是指向某一类能满足需要的物品,而且也指向生产这些物质财富和精神财富的活动本身,这就是劳动、认识、艺术创造、教学活动的需要,为社会生活的进步形成的胜利而进行革命斗争的需要"①。随着生产力的

---

① [苏]康斯坦丁诺夫主编:《马克思列宁主义的历史过程理论》,蔡振扬等译,上海人民出版社1986年版,第130页。

发展,人们创造出了日趋丰富和多样的需要进而推动着人类社会历史的发展。二是社会生产实践和其他社会实践的全面发展决定了人的需要具有广泛性。根据马克思的观点,"人的需要的丰富性,从而某种新的生产方式和某种新的生产对象具有何等的意义:人的本质力量的新的证明和人的本质的新的充实"①。这说明随着社会关系的不断发展变化,人的现实本质也在具体地、历史地发生着变化,也就意味着人的需要在其本质上是社会的、实践的。正是有复杂多变的社会关系以及人的各式各样的需要存在,才共同展现出需要的广泛性。

由于在不同的历史条件下形成的需要是不同的,因此需要不仅具有多样性和广泛性,还具有复杂性和无限性,也正是因为人的需要的这些特性,才使人区别于其他一切动物。随着时代的发展,在现实生活中,人的每种具体需要不管是在外延上还是内涵上都处在不断发展和提高的进程中,人的具体需要突破现实社会条件的限制,实现由低级向高级的发展,从而呈现出需要的无限性和广泛性。

四、需要的主观能动性

人的需要不仅具有客观物质性,还具有主观能动性,主观能动性是区分人的需要与动物需要的一个十分重要的标志。人的需要的主观能动性主要体现在需要得到满足从而产生出新的需要进一步推动新的实践循环往复的过程中,即人的需要是一个依赖于实践活动的、能动性的范畴。

首先,需要的主体是具有主观能动性的人。人作为一种有意识的、有思想的社会存在,具备一定的潜能和知识,有自觉的能动性,能够创造出丰富的物质产品和精神产品来满足自身的生存和发展需要,所以,人的需要的能动性同人的主观能动性是分不开的。恩格斯曾指出:"推动人去从事活动的一切,都要通过人的头脑,甚至吃喝也是由于通过头脑感觉到饥渴而开始,并且同样由于通过头脑感觉到饱足而停止"②。这说明,人的需要的实现不仅依靠实践活动,还依靠人的肉体感官对外界事物进行有意识的能动反映。

---

① 《马克思恩格斯全集》第42卷,人民出版社1979年版,第132页。
② 《马克思恩格斯文集》第4卷,人民出版社2009年版,第285页。

其次,人的需要是有目的的、能动的需要。与动物被动的生理性需要不同,人的需要通常以主观观念的形式表现出来,它是一种有目的的、能动的需要。人的需要总是通过意识对外界需要对象的反映才能自觉地表现出来,在对对象反映的基础上,人通过有目的的实践活动满足需要。当一定的需要得以满足后,人们会对自身需要有更加深入的认识,同时又会产生新的需要,在观念上创造出新的满足需要的对象,进而推动人们在实践中创造出新的对象去满足新的需要。这表明,人的需要不仅能够推动人们认识活动的开展,而且还能推动创造性活动的开展,也就意味着人具有动物无可比拟的能动性。

最后,满足人的需要的实践活动是有目的、有意识的活动。人的一切需要都要通过实践活动才能得到满足,而人作为有意识的主体,人的实践活动会受到思想意识的支配,在现实社会生活中,人会充分发挥自身的主观能动性尽可能地利用和创造条件去满足自身的需要。对此,列宁曾说过:"世界不会满足人,人决心以自己的行动来改变世界。"①

综上所述,同动物的需要相比,人的需要更具积极主动性,它是一种有目的的、有意识的、能动的人脑对外界事物欲求的反映。对此,有人认为承认人的需要具有主观能动性容易陷入历史唯心主义的泥淖。其实不然,承认人的需要具有主观能动性,并不等于说需要是一种主观的产物,只是说在形式上需要具有主观性,它以主观观念的形式表现出来。人的需要作为人对外界客观条件和对象的直接依赖,它的内容是客观的。换言之,从人的需要产生、满足与发展的历程来看,需要的主观能动性源于需要与实践活动之间无止境的相互作用,需要是人们从事实践活动的内在动因,同时也是实践活动的目的,正是二者的相互作用共同推动了人类社会历史的发展。

---

① 《列宁全集》第 55 卷,人民出版社 2017 年版,第 183 页。

第四章　马克思需要理论的革命性变革

在马克思之前,前人对需要问题的认识经历了一个比较漫长的历史演变过程,但遗憾的是,他们对需要问题的认识都未达到科学水平。尽管如此,前人对需要问题的认识成果仍然为马克思实现需要理论上的革命性变革提供了丰富的思想材料。纵观需要理论的发展史,马克思需要理论实现了哲学史上需要理论的革命性变革,这一变革的成功实现不仅因为其具有深厚的理论基础,实现了科学的理论转向,而且还在于这一变革在哲学、政治经济学和科学社会主义领域引起了较大的反响,具有重大的意义。

第一节　马克思需要理论变革的理论基础

马克思需要理论作为马克思人学理论的一个重要分支,在人学理论发展的进程中发生了巨大的变革,其以崭新的思维方式、新世界观的诞生及"现实的个人"思想的形成等层面的变化实现了总体性的革命性变革。正是由于马克思确立了坚实的、科学的、合理的理论基础,才使得他在认识和研究人的需要问题上克服了前人遗留的缺陷,达到了对需要理论的正确认识,从而开启了需要理论的全新发展之路。

一、实践观点思维方式的确立

"思维方式是人们思维活动中用以理解、把握和评价客观对象的基本依据和模式"①,分析任何一个理论体系所实现的变革首先要从其最基本的思维方式入手,要注意考察这一体系的思维方式同之前思考和看待问题的思维方式相比是否发生了变化,而且要关注这种变化是否是科学的和符合实际的。马克思需要理论对以往需要理论的超越首先表现为马克思创立了一种区别于一切旧哲学的新的思维方式——实践思维方式,实现了思维方式领域的革命,为研究人的需要理论奠定了雄厚而坚实的基础,开启了科学的需要理论研究的新征程。

一种新的哲学思维方式的建立总是通过批判旧的哲学思维方式来实现的。马克思基于实践范畴确立的思维方式建立在批判和超越以往哲学思维方式的基础之上,首先体现在对当时盛行的黑格尔思辨唯心主义思维方式的批判和超越层面。由于马克思在其早期思想的发展过程中曾深受黑格尔思辨唯心主义思维方式的影响,所以马克思对这一思维方式的超越也可以理解为自我批判与自我超越的过程。黑格尔作为德国古典哲学的集大成者,其哲学思想的伟大贡献在于,他以概念运动的否定性原理为基础,创立了不同于非此即彼的传统本体论的辩证法思维方式。但是,由于黑格尔并不真正了解实现主客体统一的是一种现实的、感性的实践活动本身,不了解矛盾的产生和解决也都依赖于这种活动,所以他把辩证法引向了逻辑的抽象。而且由于黑格尔只局限于从理性出发去理解实践,所以他所理解的人和实践都具有抽象性。马克思克服和超越了黑格尔思辨唯心主义思维方式的片面性和抽象性,继承了黑格尔辩证法思想中的精华,深刻地揭示出实践是人的最基本的存在方式,以人的实践活动为出发点去理解主客体之间的关系,实现了哲学领域中思维方式的伟大变革。

值得注意的是,马克思对黑格尔思辨哲学的批判是同他对国民经济学的实证主义的批判相结合的。马克思认为实证主义的外表下掩盖的实际上是思辨主义的思维方式,这主要表现在国民经济学只考察生产过程中的人即工人,而且仅把工人看作会劳动的动物,而不是把工人当作人来对待。这样一来,国民经济学同黑格尔一样,都是从抽象劳动出发的,所理解的人都是抽象化的

① 高清海:《哲学与主体自我意识》,中国人民大学出版社 2010 年版,第 221 页。

人,不仅没有看到现实的社会生活中现实的劳动的异化,而且还把这种异化看作其理论建构的前提。虽然是在实证主义的外表下,但是国民经济学仍然预先提出了一些抽象的概念,并从这些抽象的概念出发去考察现实社会中的经济活动以及由此形成的经济关系。因此,国民经济学虽然表面上以实证主义自居,但内蕴其深层的思维方式仍然是从观念到现实的思辨主义的思维方式。

其次,马克思实践观点思维方式的确立还体现在对费尔巴哈人本学思维方式的批判层面。在《提纲》中,马克思强调了哲学家们的主要任务不是仅用理论来解释世界,重要的是要用实践活动来改变世界。马克思认为导致哲学家们在认识和改造世界的方式上存在着两种完全不同的观点的主要原因在于思维方式的差异。旧哲学在思维方式上往往是片面强调客体性原则,而忽视了人的主体能动性以及人的实践活动的重要性。在看到以往旧哲学存在的缺陷后,马克思意识到把客体性原则与主体性原则统一起来的只有现实的人的实践活动。因此,他立足实践范畴,以实践作为认识、思考和解决一切理论和现实问题的出发点,进一步明确了哲学家们的主要任务在于依靠实践活动改造现实世界为人类所用,而不是仅仅依靠理论解释世界,这一转变标志着马克思以实践为基石超越了费尔巴哈哲学的最终完成,实践观点思维方式最终得以确立。

那么,我们应该如何理解这样一种思维方式的转换呢?究竟何为实践观点的思维方式呢?根据马克思在《提纲》和《形态》中关于实践观点的论述,高清海教授将其概括为:"实践观点也就是把握并贯彻活生生的具体的和现实的人的观点的一种哲学思维方式"①。由此可见,在马克思看来,不能把实践理解为费尔巴哈所强调的感性的对象,而应真正认识到它的科学内涵,即现实的、能动的实践活动,这样的一种实践活动实现的思维方式的革命是"从地上升到天上"的理论转换,它结束了黑格尔哲学中绝对精神笼罩世界的思维方式,为我们打开了认识人类社会的广阔视野。马克思基于实践活动实现的思维方式的变革,为我们提供了认识、说明和解决全部世界观问题的科学理论

---

① 高清海:《哲学思维方式的历史性变革——论马克思哲学变革的实质》,《开放时代》1995 年第 6 期。

支撑。

综上所述,从思维方式变革的角度理解实践,可以看到思维方式的变化是一种根本性的变化。正是在对实践的全新解读中,马克思将实践扎根于现实生活世界,确立起了从物质实践出发解释观念形成的实践观点的思维方式,就此而言,这一思维方式也是马克思历史唯物主义领域内的思维方式。因此,以实践观点的思维方式去观察各种社会现象、看待全部哲学史,去研究种种关于人的学说,我们就能获得真正的关于历史和人的科学,当然这也为全面理解和把握人的需要理论的形成与发展史奠定了坚实的理论基础。

二、历史唯物主义"新世界观"的诞生

马克思世界观的转变与他关于人的思想的发展是密切相关的。1841—1847年,马克思的世界观就其性质来说发生了两大转变,具体来说就是:其一,从黑格尔式的唯心主义转向了费尔巴哈式的唯物主义。从《博士论文》到《黑格尔法哲学批判》期间,马克思的世界观总的来说是黑格尔式的唯心主义。1844年《德法年鉴》上《论犹太人问题》和《〈黑格尔法哲学批判〉导言》的发表,表明马克思从黑格尔转向了费尔巴哈,此时的马克思既受黑格尔唯心主义的影响,也受费尔巴哈人本主义的影响。《手稿》中马克思站在费尔巴哈人本主义的立场上来阐释劳动异化的问题。其二,从费尔巴哈式的唯物主义转向历史唯物主义。1845年,在《提纲》中,马克思站在实践的角度批判费尔巴哈不懂得现实的、感性的活动,创立了历史唯物主义,完成了世界观的彻底转变。1888年,恩格斯在《路德维希·费尔巴哈和德国古典哲学的终结》(以下简称《费尔巴哈论》)一书中,高度评价《提纲》是"包含着新世界观的天才萌芽的第一个文献"[①]。由恩格斯的论述可以看到,《提纲》在马克思"新世界观"的形成过程中发挥了重要作用,同时这也说明在马克思思想发展的不同阶段,由于世界观的不同,马克思关于人的需要的认识也不尽相同。历史唯物主义"新世界观"的诞生实现了哲学领域的革命性变革,对马克思后来探究人的需要问题、研究人的思想及丰富马克思的哲学学说奠定了科学的理论基础,提供了世界观层面的指引。

---

① 《马克思恩格斯文集》第4卷,人民出版社2009年版,第266页。

马克思在《提纲》第一条中批判了从前的一切唯物主义(包括费尔巴哈的唯物主义)及唯心主义的主要缺点在于不了解人的"现实的、感性的活动本身"。① 在这里,马克思不是直接从分析唯心主义的缺点入手,而是首先从批判"从前的一切唯物主义"的主要缺点入手,进而过渡到了对唯心主义"抽象地发展了""能动的方面"的批判,体现出了马克思对自己创立"新世界观"的理论自觉。即马克思已经意识到只有建立起超越"从前的一切唯物主义"的"新世界观",进而才能实现对唯心主义世界观的真正批判与超越。基于此,马克思创立了以实践活动为立足点的"新世界观",这也就是马克思所创立的以"现实的人及其历史发展"为主要内容的历史唯物主义。

《提纲》全文总共 11 条,其中第一、二、三、四、五、八、九、十一条都是直接论述实践或者与实践相关的问题,马克思在对"从前的一切唯物主义"及唯心主义的批判中阐释了实践的重要性。《提纲》第八条写道:"全部社会生活在本质上是实践的"②,这一论述明确表述了马克思"新世界观"的基本内涵——实践,表明了必须立足于人的实践活动去理解现实的人及现实的人生活的现实世界,才能形成对人与世界关系的科学认识。《提纲》第十一条写道:"哲学家们只是用不同的方式解释世界,问题在于改变世界"③。这一论述说明,在马克思之前的一切旧唯物主义和唯心主义哲学家所做的主要工作是用"直观的",或用"抽象"的方式去解释人与世界的关系,没能形成对人与世界之间关系的科学认识;而只有立足于实践的"新世界观"才能正确阐释人与世界之间的关系,进而做到"改变世界"。

历史唯物主义"新世界观"在《提纲》中只是以笔记条文的形式存在,由于《提纲》是作为包含马克思"新世界观"萌芽的一部文献,加之它是"匆匆写成的供以后研究用的笔记"④,所以在这一文献中"新世界观"并没有得到具体的阐释,其主要内容在《形态》中才得到了进一步的系统论证和体系化表述。在《形态》中,马克思、恩格斯不仅深化了《提纲》中历史唯物主义的基本思想,

---

① 参见《马克思恩格斯文集》第1卷,人民出版社2009年版,第499页。
② 《马克思恩格斯文集》第1卷,人民出版社2009年版,第501页。
③ 《马克思恩格斯文集》第1卷,人民出版社2009年版,第502页。
④ 《马克思恩格斯文集》第4卷,人民出版社2009年版,第266页。

而且在批判青年黑格尔派思想的过程中第一次系统地阐释了他们的"新世界观"即历史唯物主义的主要内容,立足于实践解读了人类社会及其历史发展的规律。在具体阐释历史唯物主义的基本出发点时,马克思、恩格斯对黑格尔以后的德国哲学历史观的考察方法进行了分析,指出了它们是"从意识出发,把意识看做是有生命的个人"①,强调基于意识(实际上是宗教观念)研究历史变迁原因的方法是错误的。对此,马克思、恩格斯认为,现实的人及其生活的现实世界才是探究人类社会发展的起点,因此,要从现实生活中的人出发去考察人类社会历史的发展规律。总之,从历史观在世界观中的地位来说,历史观是世界观的重要组成部分,没有历史唯物主义,就不可能建立马克思主义的唯物主义世界观。质言之,马克思创立的历史唯物主义是世界观与历史观的统一。

"马克思主义的哲学革命,从根本上说是关于世界观的解释原则的革命。"②这说明以人的感性实践活动为解释原则确立起来的历史唯物主义"新世界观",终结了以往旧哲学的世界观,实现了世界观领域的革命性变革。这为马克思研究人的需要理论奠定了坚实的理论基础,同时也为后世学者研究与考察人的需要问题提供了科学的方法论指导。

三、"现实的个人"思想的形成

马克思之前的哲学家或是由于客观原因,或是由于主观原因,对人的研究始终没有形成科学的认识,他们所理解的人本质上是一种抽象的人。虽然费尔巴哈首先提出并使用了"现实的人"的概念,但是他所理解的"现实的人"只是一种感性的自然存在物,从其实质上看,费尔巴哈所理解的人只是作为"类"而存在的人,是生物学意义上的人,仍然是一种孤立的、抽象的人。马克思在继承和发展前辈哲学家关于人的思想的基础上,批判并创造性地发展了费尔巴哈的"现实的人"的概念。在《形态》中,马克思、恩格斯明确指出研究历史唯物主义的出发点是"现实的个人",并从自然性、实践性、社会性、历史性等方面对其内涵进行了界定,形成了关于人的本质的科学认识,为马克思需

---

① 《马克思恩格斯文集》第 1 卷,人民出版社 2009 年版,第 525 页。
② 孙正聿:《历史唯物主义的真实意义》,《哲学研究》2007 年第 9 期。

要理论、马克思人学思想及马克思整体思想的发展提供了理论前提,奠定了坚实的理论基础。

马克思"现实的个人"思想的形成不是一蹴而就的,主要是在对黑格尔与青年黑格尔派抽象的人思想的批判性继承与创新性发展的过程中逐步形成的,其确立同样也经历了一个从理论继承到批判发展再到革命建构的创新发展过程。

其一,马克思批判了黑格尔的"自我意识的人"。黑格尔认为绝对精神具有先在性,因而,他把人看作绝对精神外化的产物,把人的自我意识归结为绝对精神的自我意识,把历史过程的真正主体看作是绝对精神之类的抽象存在。据此,一方面,马克思认为黑格尔哲学中所谓的"人"是理性层次的抽象的概念人,他对此进行了批判。另一方面,马克思肯定了黑格尔否定性辩证法的伟大意义。黑格尔"把人的自我产生看作一个过程",把劳动看作人的本质,把真正的人理解为劳动的结果,对于黑格尔的这些观点,马克思进行了肯定。与此同时,马克思明确指出,尽管黑格尔所说的劳动是抽象的精神劳动,但是积极的地方在于他肯定了劳动在人的自我创造、发展和实现过程中的重要作用。① 此外,恩格斯还肯定了黑格尔哲学体现出的历史观,虽然黑格尔所认为的历史是人的精神活动的过程,其历史观也是一种人与历史相脱离的抽象历史观,但"他的思想发展却总是与世界历史的发展平行着"②。马克思在对黑格尔抽象的"自我意识的人"批判的基础上,指出物质世界具有客观实在性,并立足生产劳动考察和研究整个社会的发展历程,实现了对黑格尔思辨唯心主义哲学的超越,实现了从抽象的人向"现实的个人"的转向。

其二,马克思批判了青年黑格尔派成员的主体性思想。由于马克思也曾一度是青年黑格尔派的成员,所以在其自身思想的发展过程中不可避免地受到这一学派中各种思想的影响。后来,伴随着自身世界观的转变和思想的成熟,马克思逐步展开了对青年黑格尔派成员思想的深入批判。在《神圣家族》中,马克思、恩格斯共同批判了以鲍威尔为首的青年黑格尔派的自我意识哲学

① 参见《马克思恩格斯全集》第42卷,人民出版社1979年版,第163页。
② 《马克思恩格斯文集》第2卷,人民出版社2009年版,第602页。

不承认客观世界的存在,具体而言,就是批判了鲍威尔等人把意识看作人的本质和历史本体的观点。对此,马克思、恩格斯强调青年黑格尔派实际上是秉持了黑格尔的唯心主义思想。马克思认为,尽管青年黑格尔派的学者宣称自己是"批判的批判家",但是这些人的批判实际上都只不过是黑格尔哲学的某种变种而已,就此表明了自己与青年黑格尔派彻底决裂。而费尔巴哈站在唯物主义的立场上把人的本质归结为"类本质",比黑格尔前进了一大步。对此,马克思认为费尔巴哈在批判黑格尔哲学上所作出的贡献主要是把"宗教世界"归结于它的"世俗基础",用"现实的人"代替了"对抽象的人的崇拜",但遗憾的是,费尔巴哈所谓的"现实的人"是脱离了实践的"自然的人"。也就是说,费尔巴哈所强调的感性与人仅仅在观念中获得了统一,在现实中是分离的,他的人本学实际上是对人的直观、抽象的解释。马克思对费尔巴哈的批判并不像对鲍威尔那样尖锐,因为费尔巴哈的唯物主义立场比鲍威尔的思辨唯心主义立场更进步。作为青年黑格尔派最后的代表,施蒂纳的思想对马克思思想的发展产生了不可忽视的影响,施蒂纳主张从个人出发研究人,马克思对此进行了肯定,同时也批判了这种观点的不彻底性。施蒂纳在其《唯一者及其所有物》一书的前半部分批判了费尔巴哈的人本学思想,他认为费尔巴哈实际上并没有全部完成对形而上学的批判,在后半部分阐释了自己的"唯一者"思想。在施蒂纳的逻辑里,"我"是独一无二的存在,是以现实为基础的"唯一者",是利己主义的不受任何约束的超人。在《形态》中,马克思、恩格斯用了很大的篇幅来批判施蒂纳的"唯一者",他们认为这是一个不切实际的空想,用"现实的个人"颠覆了"唯一者",实现了哲学史上的伟大变革。

马克思、恩格斯不同于黑格尔与青年黑格尔学派执着于对彼岸世界抽象思辨问题的探讨,而较少关注此岸世界的现实生活问题,马克思、恩格斯更加关注现实社会,认为现实问题不是在书斋中通过理论思考解决的,现实问题只能在现实世界中通过"现实的个人"的感性实践活动来解决。费尔巴哈通过对黑格尔思辨哲学和宗教的批判,恢复了唯物主义的权威,但是由于他在历史领域坚持"直观",因而没能真正理解唯物主义,也未能形成对人的科学认识,真正代替费尔巴哈走完这一步的是马克思、恩格斯。在《形态》中,马克思、恩格斯对自己过去的信仰进行了全面清算,并形成了对"现实的个人"的正确认识。根据马克思、恩格斯在《形态》中对"现实的个人"内涵的论述,从人的生命性、现实性、主动性、生成性出发去理解人,可以将"现实的个人"概括为有生命的感性存在,是从事物质生产活动、有着特定社会关系且处在一定社会历史发展过程中的人。

一言以蔽之,实践观点思维方式的变革、历史唯物主义"新世界观"的诞生以及"现实的个人"思想的最终确立,为马克思实现需要领域的革命性变革提供了坚实的理论基础,为后人研究马克思的人学思想提供了研究视角和研究方法上的指导。就此而言,马克思需要理论实现的革命性变革在历史上产生的意义和作用无疑是十分巨大的。

第二节 马克思需要理论变革的三重转向

任何一种理论都是在继承和发展前人经验,并经过自己的理论思考和实践观察的基础上构建起来的。当然,马克思需要理论也不例外,马克思站在坚实的理论基础之上,扬弃了以往学者的人的需要思想,实现了人的需要理论领域的革命性变革,形成了自己关于人的需要问题的科学理论。纵观马克思需要理论变革的理论基础及其演变历程,可以将马克思需要理论变革的转向归纳为以下三个层面:从反映论的需要观转向实践论的需要观,从人的需要异化转向人的本质需要复归,从人的片面需要转向人的全面需要。

一、从反映论的需要观转向实践论的需要观

在马克思之前,就有诸多学者从不同的学科视角出发,对人的需要问题进行了考察与研究,并对人的需要概念进行了界定。综合来看,这主要体现在心理学、社会学、经济学、行为科学、哲学等领域。通过对不同学科关于需要概念的界定与马克思对需要概念的阐释进行对照,可以看到马克思确立的实践论的需要观扬弃并超越了反映论的需要观。

心理学上对需要概念的界定是:"需要是有机体内部由于生理或心理上

的某种匮乏而产生的不平衡状态"①,由此不难发现,在心理学上需要的主体被看作一切生命有机体,需要是由个体对内或对外环境所必需的条件而产生的某种需求的主观状态,表现出的是一种主观对客观的依赖关系。社会学中的需要是把人看作需要的主体进行论述的,"所谓需要,就是人们在一定的情景下,对客观事物产生的匮乏感,而要求得到满足的社会心理反应"②。基于此,依据社会需要的对象,社会学领域中的需要可以分为物质需要、精神需要和规范需要三种类型。经济学也是把人看作需要的主体,强调需要是指人的一种欲望,即对某种物品的渴望,需要的无限性与资源的有限性之间的矛盾直接促进了经济学的产生。特别要注意的是,经济学中的需要与需求是两个不同的概念,需求指的是有支付能力的需要,需求不能满足所有需要,仅仅是在拥有购买力的基础上可以购买到一部分需要。行为科学对需要概念的界定是:"需要是指人对某种目标的渴求和欲望。它是人作为有机体缺乏某种东西时产生的一种主观状态,是有机体对客观事物需求的反映"③。以上都是具体科学中对需要概念的界定,哲学层次上的需要作为对需要的最高概括,是指"人(包括个人、群体、阶级和社会)为维持自身的延续和发展而产生的对外界事物的各种要求"④。

从上述不同学科对需要概念的界定中,我们可以看出,需要是指主体对客体的一种依赖和需求,而不同学科对需要概念的具体界定是不同的。在需要的客体即需要的对象方面,绝大多数学科的学者都将外界的客观事物视为需要的客体。而在需要的主体和需要的性质方面,不同学科的学者则存在着分歧:其一,关于需要的主体。心理学把需要的主体看作一切生命有机体,社会学、经济学把主体只界定为人,而哲学则赋予了需要主体更多的内涵,即个人、群体、阶级和社会。其二,关于需要的性质。在需要的性质这个问题上,有的学科将其定义为一种意识、一种反映或者说是一种主观欲望,即认为需要具有主观性;有的学科将需要的性质看作主客体之间的一种依赖关系,而且认为需

---

① 张承芬、韩仁生:《心理学导论》第二版,人民出版社2010年版,第116页。
② 韩明谟、王思斌:《社会学概论》,中央广播电视大学出版社1993年版,第28页。
③ 贾书章、赵英文:《组织行为学》,武汉理工大学出版社2006年版,第108页。
④ 《哲学·大辞典》修订本,上海辞书出版社2001年版,第1727页。

要是一种客观关系。总之,不同学科对需要概念的不同界定实际上体现出的都是反映论的需要观。

所谓反映论的需要观,实际上就是一种主客二元对立的需要观,这一需要观在德国古典哲学的旧唯物主义关于需要的认识中体现得最为明显,其中最著名的代表人物是费尔巴哈。首先,根据马克思的论述可以知道,费尔巴哈人本主义哲学中的人是建立在自然基础上的人,即自然人。一方面,费尔巴哈已经认识到了黑格尔的"思想客体"与他所说的"感性客体"是不同的;但是另一方面,费尔巴哈不懂得"感性对象"与"感性活动"之间的关系,他未能真正理解人的活动是一种对象性的实践活动,也没有把人理解为从事物质生产实践活动的人,仅仅停留于抽象的层面去理解人。费尔巴哈把人规定为具有理性、意志和爱的实体,他认为这些东西是人与生俱来的,并将它们视为人的本质,即费尔巴哈所理解的人只是人类学意义上的、符合类本质的"一般人"。其次,费尔巴哈在历史观领域又陷入了唯心主义。虽然他提出了"现实的人"一词,但是他所说的人不是现实的历史过程中的人,而是生物学意义上的自然人、人类学意义上的抽象人。既然费尔巴哈对需要的主体(人)缺乏正确的认识,认为人是自然人,那么他在理解人的需要及需要与对象之间的关系问题上就必然存在着缺陷:从自然生理的角度片面地理解需要及需要与对象之间的关系,把人的需要理解为纯粹自然人的需要,仅仅看作是肉体上的自然生理需要;把需要与满足需要的对象之间的关系看成一种单一的关系,即主体对客体的依赖、满足与被满足的关系。总的来看,费尔巴哈人本学的需要观代表的是旧唯物主义的机械僵死的反映论,因为它只是从客体的或直观的形式去理解事物,而忽视了从实践和主体方面去理解,这是一种消极的、被动的、直观的反映论。

马克思以实践为理论出发点,在深入考察、分析、批判和改造以往人的需要理论的基础上,科学地阐释了需要的内涵,揭示了人的需要与需要的对象之间的真实关系,创立了实践论的需要观。实践是马克思哲学的一个重要范畴,马克思立足于实践范畴解释了人的主体性以及人的类本质,以此区别于以往旧唯物主义哲学对人的主体能动性的忽视及类本质的规定,以实践论的需要观扬弃和超越了反映论的需要观,实现了需要理论思想史上的一次伟大飞跃。

马克思认为物质生产实践活动是人最基本的实践活动,自由自觉的劳动是人的类本质,实践作为人的存在方式具有自由的、创造性的特征。所以,人通过实践活动,在实现主体客体化的同时引起了客体主体化,在改造对象世界的同时按照自己的需要构建属人的世界,从而更好地满足人的需要。就此而言,人们的社会关系也不过是人的实践活动的对象化,人通过实践活动改造现实世界和主观世界以满足人不断增长的需要。因此,社会历史既是人的实践活动的产物,又是实践活动的过程本身。这进一步说明,马克思基于社会历史领域创立了以实践为核心的需要观,也就意味着需要是在社会历史中产生、满足和得以发展的。概言之,马克思所理解的需要,是指现实社会生活中的现实的人的生存与发展需要、对象化的实践活动需要及社会关系需要这三个方面密切联系在一起,三者统一于需要的主体。

马克思确立的实践论的需要观以其实践性、能动性和科学性超越了反映论的实践观,实现了需要理论领域的伟大变革。这一变革不仅给当时而且给后世学者研究人的需要理论以思想启迪,而且对于指导当下人们开展实践活动,满足人们不断增长的美好生活需要具有重要的现实价值。

二、从人的需要异化转向人的本质需要复归

人的需要异化问题是马克思需要理论的重要组成部分,正是在对资本主义社会异化现象的批判和对共产主义社会异化消解的论证中,马克思才对需要异化问题作出了详细的阐释,形成了科学的需要理论,实现了对以往需要理论的超越。在需要的满足层面,具体表现为:实现了从人的需要异化到人的本质需要复归的转向。

早在马克思之前,哲学史上就已有哲学家研究异化问题,其中最具代表性的当属德国古典哲学家黑格尔和费尔巴哈。黑格尔是第一个把"异化"作为哲学概念来使用的学者,他运用异化与劳动范畴阐释了异化理论,用以说明主体与客体的对立,并指出客体凌驾于主体之上的这种现象就是"异化"。而费尔巴哈作为19世纪德国古典哲学的终结者,他把异化范畴融入了人本主义哲学中,主要阐释了宗教对人自身的异己性和操控,说明了宗教产生的人学根源。但是由于种种原因,他们最终并没有对异化作出科学的阐释,而真正对异化作出最系统和权威解释的学者当属马克思。在马克思看来,资本主义社会的异化体现在方方面面,包括宗教异化、经济异化和劳动异化等,其中劳动异化是其他一切异化的根源。马克思正是在批判继承黑格尔和费尔巴哈异化理论的基础上,系统地阐释了异化的产生及其消解途径,形成了对人的需要异化及人的本质需要复归的正确认识。

早在耶拿时期的《伦理体系》《实在哲学》等著作中,黑格尔就探索了欲望、需求、劳动和分工等问题;在《精神现象学》中,他又进一步论述了需要、劳动和异化问题,在后来出版的《法哲学原理》中,又把市民社会称作"需要的体系"。① 在这些著作中,黑格尔开始从经济哲学的角度来探讨劳动与需要之间的关系:黑格尔认为劳动与需要之间存在着一种内在的自然联系,二者之间呈现出一种"自然和谐"的状态。他认为劳动能够改造自然界,为人提供物质生活资料来满足自身的需要,并且在一定的社会联系中,个人所从事的劳动不仅满足了自身的需要,而且也满足了他人的需要,人类正是通过自己的劳动和依靠他人的劳动才使自身的全部需要都得到满足。由此可以看到,黑格尔认识到了劳动对于人的存在与发展的意义,其在创造了人的需要的同时也满足了人的需要。对于黑格尔关于这一问题的论述,马克思首先肯定了黑格尔所说的劳动的属人意义,同时批判了他的唯心主义异化观。马克思认为黑格尔基于抽象的精神主体——绝对理念——的自我运动来看问题,混淆了"对象化"和"异化"。黑格尔认为"异化就是抽象思维外化为感性的现实,感性现实是抽象思维的自我丧失,扬弃异化就是否定感性的现实,回到精神自身"②。从这一论断可以看出,黑格尔把对象化视为精神自身的异化,认为扬弃异化就是扬弃对象性,也就是说,他把异化当作任何社会形态普遍存在的社会现象而永恒化了。对此,马克思进行了批判,他指出在黑格尔那里劳动仅仅是精神上的劳动,异化也只是一个唯心主义的概念,而黑格尔却时常把异化与外化当作同一概念来使用。因此,从异化主体根源上就导致黑格尔无法对"对象化"与"异化"做出正确的阐释。对此,马克思作出了清晰的区分,指出对象化活动就是人的劳动,它反映着人的本质力量,是人存在于这个世界的必要活动;而

---

① 参见俞吾金:《被遮蔽的马克思》,人民出版社 2012 年版,第 243 页。

② 张有奎:《形而上学之后:马克思的实践哲学思想及其流变》,人民出版社 2013 年版,第 70 页。

异化是人的劳动在私有制尤其是在资本主义私有制条件下的一种特殊的存在形式,通俗地说异化即"非人化"。

费尔巴哈否定了黑格尔的"绝对精神"异化,提出了"人的本质"异化,运用人的自我异化来批判宗教神学,认为异化的主体不是"绝对精神",而是人。就此,费尔巴哈指出不是上帝创造了人,而是人创造了上帝,是人的本质发生了异化,使得原本由主体自身创造出来的客体反过来操控和支配着主体。对此,马克思高度评价了费尔巴哈在异化主体问题上恢复了唯物主义的权威,同时也指出了他并没有彻底走出宗教的束缚,他在揭示出上帝是由人创造的真相后,又建立了一个崇拜抽象的人的新宗教。马克思在确证了费尔巴哈的唯物主义、异化的哲学含义及其人本学唯物主义的缺陷之后,提出了自己的观点,将人的本质规定为"一切社会关系的总和",在此基础上逐渐形成了对人的本质异化的正确理解。

马克思肯定了黑格尔与费尔巴哈关于劳动及异化的合理思想,正确阐释了劳动异化与需要异化之间的关系。马克思在其多部经典著作中都涉及了异化劳动、人的异化、需要的异化等问题,其中《手稿》最为集中地论述了由异化劳动导致的人的异化现象,并且有专门的章节阐述了工人需要的异化问题。在《手稿》中,马克思通过考察资本家与工人之间的雇佣劳动关系,论述了资本主义制度下异化的四种形式:劳动产品的异化、劳动过程的自我异化、人的类本质的异化以及人与人的异化。这表明,在资本主义社会,异化劳动的存在最终会导致人的异化,人的需要也被抑制或扭曲,原本用来满足人的需要的东西,现在却要操控人,使得人片面化发展。一方面,由于异化劳动的缘故,工人生产出来的产品不属于自己,而是被资本家无偿占有,工人成为资本家发家致富的工具。在这种情况下,资产阶级需要的奢靡化及其满足需要的资料的精致化与工人阶级需要的野蛮化和粗陋化就形成了鲜明对比。另一方面,资本家作为"人格化的资本",他们必然屈服于金钱的统治,在资本逻辑的控制下,资本家进行生产并不是为了满足人的真实需要,而是为了攫取巨额利润,积累更多的物质财富,即对货币的需要成为资本家的首要追求。这就使得生产者连续不断地生产出新的虚假需要,刺激人们消费,从而满足自身的利己需要,由此资本家也成为了资本的奴隶。据此,马克思指出异化的根源在于私有制,私有制既是异化劳动的结果,又是异化劳动的原因。因此,要解决异化问题,就必须从根本上消灭私有制。对此,马克思指出只有到了共产主义社会,彻底消灭了私有制,才能真正实现人对自身本质的占有,完成人向人的本质的真正全面复归。

从人的需要异化转向人的本质需要复归是一个漫长的历史过程,它在资本主义社会中孕育,只有在共产主义社会中才能实现。马克思认为黑格尔和费尔巴哈在思想范围内谈异化和异化的扬弃,他们都没有把人理解为真正意义上的"现实的个人",而是把人当成了"物",所以他们不能真正理解人的异化。异化劳动呼唤以人为本,马克思顺应时代发展潮流,提出要实现人对自身本质的占有,具体来说,体现在需要层面就是要超越资本主义社会的异化需要,关注并满足人的真实的、多样的需要,最终实现人作为人的需要的复归。

三、从人的片面需要转向人的全面需要

在马克思之前就有很多学者从不同角度对人的需要问题进行了研究与阐释,一些学者在这个问题上形成了自己关于需要问题的独特见解。尽管他们对人的需要的认识各不相同,但是通过对这些观点进行归纳总结,可以看到他们对人的需要问题的认识,或是从某个既定的角度出发,或是只看到了需要的某个方面,即这些学者的观点存在着一个共同之处就是:他们所理解的需要只是一种片面的需要,并没有形成对人的需要完整而准确的认识。而马克思需要理论却打破了这一局面,实现了需要领域的革命性变革,体现在需要的内容上主要是从人的片面需要转向人的全面需要。因此,为全面而准确地了解这一转变过程,首先必须了解在马克思之前的学者关于人的需要问题的相关阐释。根据前文的论述可知,马克思需要理论主要是在批判、继承和发展德国古典哲学、英国古典政治经济学和英法空想社会主义中需要思想的基础上形成的,而这也正是马克思需要理论在内容上实现的从人的片面需要向人的全面需要转变的过程。

就德国古典哲学而言,黑格尔和费尔巴哈关于人的需要问题的认识对马克思创立科学的需要理论的影响最大。黑格尔作为第一个系统阐释辩证法思想的人,运用辩证思维阐述了他对人的需要问题的看法,提出了"需要的体系"。在需要的体系中,黑格尔把人的需要分为自然需要、社会需要以及观念

的精神需要,并且对人的需要及其满足方式与动物的需要及其满足方式进行了明确区分。黑格尔强调,"物的使用就是通过物的变化、消灭和消耗而实现我的需要的过程"①,这表明"物"是专门为"我的需要"而存在的,并且为"我的需要"而服务。显然,黑格尔已经看到了人的需要的满足离不开对所有物的使用或享用,在这里,他实际上已经谈到了消费的问题。在谈及历史的发展动力时,黑格尔指出:"对历史的深入考察使我们深信,人们的行动都决定于他们的需要"②。由此可见,黑格尔对人的需要问题的考察是十分深刻的,但是由于他是在唯心主义的前提下对人的需要问题进行的考察,其需要体系实质上是"绝对精神"演进的体系。基于此,可以说,黑格尔关于需要问题的认识依然是形而上学的,具有片面性。费尔巴哈批判了黑格尔哲学的抽象实质,恢复了唯物主义的权威,创立了人本主义哲学,把哲学的研究对象从抽象的"绝对精神"转向了"现实的人和自然"。一方面,费尔巴哈不仅从人与自然的关系出发考察了人的本质,同时,他也从人与人的关系出发考察了人的本质,把人的需要上升到人的本质范畴进行考察,具有一定的积极意义。但是,另一方面,费尔巴哈又把人抽象为"类"概念,用感性直观的方式去把握人的本质,认为人的本质是"理性、意志和爱",把需要看作对"人性本质的爱"。因此,费尔巴哈所理解的需要实质上仍然是一种抽象的需要、片面的需要。

就英国古典政治经济学而言,配第、斯密及李嘉图等英国古典政治经济学家都对人的需要问题进行了考察,他们认为人自出生以来,就是为了自己的利益而活,他们把政治经济学的理论建立在人的利己本性之上,对人的利己需要进行了深入分析,把人们对利益的追求看作经济活动的内生动力去考察经济现象。由此可见,人的需要问题在古典政治经济学的发展中占有极为重要的地位,是古典政治经济学的理论前提。无论是配第对商品价值、工资、利润等问题的分析,还是斯密的劳动价值论,他们的政治经济学理论都涉及对人的需要问题的分析,而且斯密还把资本主义的生产看作满足人的需要的重要方式,将人的需要与人的劳动、交换、分工等联系起来,论证了人的需要在经济学发

---

① 《黑格尔著作集》第7卷法哲学原理,邓安庆译,人民出版社2016年版,第118页。
② 转引自[苏]敦尼克、约夫楚克、凯德洛夫、米丁、特拉赫坦贝尔:《哲学史》第2卷(上册),生活·读书·新知三联书店1961年版,第113页。

展中的重要性。在《国富论》中,斯密多次提到利己主义、个人利益,他认为个人利益与社会利益是一致的,人对利己需要的追求能够推动社会的发展,尤其是资本家在追求巨额利润时更能够实现国民财富的增加,进而推动社会的发展。李嘉图从供给与需求的关系出发,对人的需要进行了更加深入的研究,他认为生产是满足需要的前提,指出了资本主义生产的直接目的是满足社会的需要,所以不会普遍出现商品过剩的现象。而事实上,代表资产阶级利益的这些古典政治经济学家所追求的是利己需要和阶级利益的实现,他们进行理论研究的真正目的是论证资本主义制度相对于封建制度的优越性,所以他们的理论带有一定的阶级性和局限性,这使得他们未能真正了解资本主义生产的本质,因而也不能够正确认识人的需要问题。

就英法空想社会主义而言,空想社会主义者关于人的需要问题的认识主要体现在对平等需要的不懈追求上。首先,16—17 世纪的早期空想社会主义者认为公平的生产劳动是满足人们需要的前提,而且他们还认为社会应该实行公平分配的原则。如:托马斯·莫尔在《乌托邦》中第一次提出人的需要,认为人们有计划地从事生产,应该实行按"需"分配;闵采尔对当时德国的社会现状进行了批判,构想出了"千年王国"的理想社会,认为人与人之间是完全平等的,人们享有相同的劳动义务,与此相对应,一切社会财产也应该由全体社会成员共享。虽然早期空想社会主义者强调人性的存在,重视人的需要,但是他们的共产主义理论是原始的,仅仅是一种单纯的幻想。其次,18 世纪的空想平均社会主义者开始从理论层面论证新的社会制度的构建问题,但是他们把平均主义视为共产主义,违背了社会发展规律。到了 19 世纪,空想社会主义在理论上着重分析社会制度,开始猛烈批判资本主义制度,描绘美好的社会主义制度。如:圣西门主张实行"实业制度"以实现人们的平等需要,傅立叶主张建立"和谐社会"以满足人们的平等需要,欧文提出建立一种理想的社会制度即合作公社制度以满足人们的平等需要。总之,虽然空想社会主义对未来理想社会提出了一些积极主张,但是由于他们并未找到摆脱资本主义的真正出路,所以他们对人的需要问题的认识是建立在空想基础之上的,因此他们所认识的需要也是一种片面的需要。

由上文的论述可知,人们对需要问题的研究经历了一个从抽象到现实的不断深化的过程,归根结底这些思想都或多或少地存在着不足之处,他们所理解的人的需要仍然是一种片面的需要。马克思在汲取前人关于需要问题合理性认识的基础上,适应社会发展的需要,创立了科学的需要理论,实现了需要领域的革命性变革。马克思认为,在现实世界中,个人有许多需要,根据需要的起源、需要的主体、满足需要的客体、需要的层次等多个标准可以将人的需要划分为不同的类型,这说明人的需要具有全面性的特征。马克思尤其强调人的全面性需要对人的自由全面发展具有重要意义,他强调在未来的共产主义社会,每个人的"自由个性"即人的全面性的需要都将得到满足。马克思指出人的需要的产生与满足本身是一个过程,在历史领域内表现为从单一到多样、从片面到全面、从虚幻到真实的动态趋势。人的需要具有"量"和"质"的双重规定性,其中"量"是指需要的满足程度,满足需要的"过"或"不及"都是不合理的、具有片面性;"质"是指需要的满足对人的自由全面发展所产生的意义。马克思需要理论的科学确立,合理地阐释了需要的"量"与"质"的关系,从满足人们的物质需要转向满足人们各个方面的需要,促进了人的全面发展和社会的全面进步。综上所述,马克思需要理论顺应时代发展潮流,实现了理论研究的重点由人的片面需要向人的全面需要的转变,为需要理论的发展正本清源,开创了人的需要理论发展的新局面。

第三节　马克思需要理论变革的重要意义

马克思、恩格斯主要通过批判继承德国古典哲学、英国古典政治经济学和英法空想社会主义中关于需要的理论成果,通过考察资本主义社会的现实情况,形成了关于人的需要的正确认识,实现了对以往需要理论的伟大变革。人的需要问题作为马克思思想发展历程中的重大论域,这一伟大变革不管是在哲学领域,还是在政治经济学和科学社会主义领域,都占据着极其重要的地位,具有重要意义。

一、马克思需要理论变革在哲学领域中的意义

由于需要与经济问题有着紧密的、不可分割的联系,所以人们往往认为需

要问题是一个经济学问题,而与哲学相差甚远。根据马克思、恩格斯的经典论述,我们可以看到,人的需要不只是一个经济学问题,更是一个哲学问题。基于哲学层面理解需要的发展史和地位,可以看到,古往今来,人类社会历史上的一切活动都离不开人的需要,需要是人们开展一切活动的起因或原初动力。质言之,需要范畴作为马克思主义哲学尤其是唯物史观的重要范畴,它是考察人类一切历史活动的根本出发点。因此,我们绝不能离开人的需要和人的存在抽象地谈论人类历史,而马克思正是以其需要理论的科学性、实践性、历史性和革命性实现了需要领域的变革,在哲学史上产生了深远影响。

第一,科学阐明了"现实的个人"的需要是社会历史发展的内在动因。马克思从"现实的个人"的需要,尤其是人最基本的物质需要出发,揭示了人类社会发展的客观规律,创立了科学的唯物史观。马克思指出,历史是围绕着"现实的个人"的现实活动具体展开的,在社会生活中,"个人本身力量发展的历史"①就是人类的历史,并且他强调是人的活动推动了历史发展,或者更具体地说,推动人类社会历史发展的根源在于人类的生产活动,而促使人们从事一系列生产活动的动因或内驱力则是人的需要。基于这种认识,马克思指出在现实世界中,人有各种各样的需要,"任何人如果不同时为了自己的某种需要和为了这种需要的器官而做事,他就什么也不能做"②。因此,人为了满足自身的需要就必须通过实践活动生产出一系列物质产品和精神产品,当人的低层次需要得到满足后,又会产生新的高层次需要,也正是在需要的满足与新需要产生的不断循环中,历史才不断向前发展。

第二,深刻揭示了社会历史发展动力的主体维度。唯物史观强调,历史是由人民群众创造的,也就是说历史的主体是现实的、活生生的人,而研究历史就是研究现实的人的活动的具体展开。唯物史观认为,推动社会历史发展的根本动力是生产力与生产关系、经济基础与上层建筑的矛盾,对这两大矛盾进行分析可知,生产力是推动社会历史发展的最根本因素。所谓生产力,通俗地理解就是指人改造自然的能力,而人之所以积极主动地去改造自然,是为了满

---

① 《马克思恩格斯文集》第 1 卷,人民出版社 2009 年版,第 576 页。
② 《马克思恩格斯全集》第 3 卷,人民出版社 1960 年版,第 286 页。

足人的生存与发展需要。因此,是人的需要引发了人与自然界之间的矛盾,或者更确切地说,是人的需要导致了两大矛盾运动,以此揭示了社会历史发展动力的主体。在人类社会历史发展过程中,需要与劳动是不能割裂开来的,因为需要的满足离不开劳动,"生产力本身就是以人的劳动能力为主的人的本质力量,生产关系也是适应生产的需要结成的社会关系,所以生产力与生产关系都离不开人的需要与劳动"①。由此我们可以看到,需要是整个社会生存与活动的原因,任何社会发展的动力都是在需要的驱动下形成的,可以说人类社会的发展史其实就是一部需要发展的历史。总之,马克思关于需要的科学研究,充分说明了唯物史观并不是从生产力和生产关系开始的,生产力和生产关系有其历史主体上的内在依据——"现实的个人"的需要,离开需要就无法说明生产力和生产关系是如何形成的,所以说需要在唯物史观领域内是一个根本性的范畴,占有不可忽视的重要地位。

第三,为实现人类解放和人的自由全面发展指明了方向。人的自由全面发展是唯物史观关注的中心问题,也是马克思终其一生研究人学问题的目的和归宿,把人的需要视为人的发展的重要内容也是马克思人学理论的必然要求。马克思认为,唯物史观的出发点是有各种各样的现实需要的人,人类社会的第一个历史活动就是为满足人的生存需要而进行的生产活动。从人类社会历史发展的各形态来看,除在未来理想社会即共产主义社会外,人都受到生存需要的奴役,所以,马克思认为要实现人类的彻底解放和人的自由全面发展就必须通过劳动这一中介。对此,他明确指出:"整个所谓世界历史不外是人通过人的劳动而诞生的过程"②。马克思正是通过对现实的人所从事的劳动活动的科学认识,他才把人的需要理论与唯物史观密切联系在一起,而且他还认识到人的自由全面发展是人的最高层次需要,这一需要的实现以社会的高度发展为前提。从这一意义来说,马克思需要理论是理解唯物史观全部丰富性的基础和钥匙,它为实现人类解放与人的自由全面发展提供了科学的理论指南。

---

① 于萍:《马克思的需要理论——基于资本论视阈的一种分析》,博士学位论文,吉林大学,2012 年,第 83 页。

② 《马克思恩格斯文集》第 1 卷,人民出版社 2009 年版,第 196 页。

综上所述,马克思以人的存在与人的需要为出发点,对人类历史的发展展开探究,最终形成了对人的需要问题的正确认识,而且在此基础上创立了科学的唯物史观,这是马克思需要理论变革在哲学领域产生的重大影响。

二、马克思需要理论变革在政治经济学领域中的意义

需要作为政治经济学领域中的一个重要范畴,在马克思的诸多著作中都得到了阐述,他几乎在所有的哲学、经济学著作中都论述过这一问题。马克思在对人的需要问题进行考察与分析的过程中,把需要视为社会历史发展的起点和一切人类实践活动的内在动因,逐步形成了对这一问题的科学认识,这对马克思后期制定劳动力价值理论、剩余价值理论以及危机理论奠定了理论前提和基础。

第一,马克思劳动力价值理论的制定是建立在需要理论基础之上的。在马克思之前的英国古典政治经济学家就提出了劳动价值理论,其最大贡献在于发现了商品的价值是由生产商品所必需的劳动来决定的,但是这一理论在资本主义现实社会生活中却遇到了难题——资本和劳动的相互交换之间的矛盾,造成了工人与资本家之间平等交换的假象。对此,马克思明确指出了英国古典政治经济学家所制定的劳动价值论的缺陷,专门区分了劳动价值和劳动力价值,强调工人出卖给资本家的是自己的劳动力,而不是劳动。既然马克思把劳动力视为一种商品,那么劳动力也是靠自身的属性来满足人的需要。资本家支付给工人工资购买劳动力,换取劳动力的使用价值以满足自身获得资本增殖的需要,工人出卖使用价值,换取维持和再生产劳动力所需要的使用价值,以满足个人需要。就此而言,马克思用人的需要的满足来说明劳动力的使用价值,可见使用价值与满足人的需要在这层意义上是相同的。至于劳动力的价值,马克思认为由两种要素构成:"一种是纯生理的要素,即工人维持和再生产劳动力所必需的生活必需品;另一种是历史的或社会的要素",即"满足人们赖以生息教养的那些社会条件所产生的某些需要",正是这些需要共同决定了劳动力的价值。① 虽然马克思的"劳动力价值理论"与英国古典政治经济学家提出的"劳动价值理论"仅有一字之差,但是马克思却解决了李嘉图

_____

① 参见《马克思恩格斯文集》第3卷,人民出版社2009年版,第73页。

等人没有解决的问题,这体现了马克思对价值理论的进一步认识与发展,而这一发展是建立在科学的需要范畴基础之上的。

第二,马克思剩余价值理论的发现是建立在需要理论基础之上的。英国古典政治经济学家早就发现了剩余价值的存在,但是他们并没有合理解释剩余价值的来源问题,没有在价值规律的基础上阐明资本主义剥削的实质。马克思在《1861—1863 年经济学手稿》中的"货币转化为资本"章节中,分析了货币转化为资本和剩余价值如何被生产出来的问题。马克思认为资本的最一般形式表现为 G—W—G′,在 G—W—G′的运动中,劳动力这种特殊商品发生了增殖,但这一价值增殖并不违背商品经济运动的基本规律,而且由 G—G′的完成说明货币完成了向资本的转化。为了更清晰地说明剩余价值的产生过程,马克思把资本划分为不变资本和可变资本两部分,指出可变资本在运动过程中能够创造出剩余价值。马克思还根据需要理论说明了剩余价值生产的可能性,他认为只有当生产超出了满足工人生活的基本需要时,剩余价值的生产才有可能。剩余价值生产的目的就是满足资本家对资本增殖的需要,但这一生产过程实际上蕴含着资本家对工人的残酷剥削,但是由于资本家支付给工人工资,这种剥削便以形式上的平等掩盖了事实上的不平等,所以这种资本主义社会生活中的假象在马克思之前并没有得到合理解释。

第三,马克思危机理论也是建立在需要理论基础之上的。从需要的角度来看,马克思主要是通过分析奢侈需要与必要需要之间的对立、对货币需要的无限性与对工人必要需要的有限性之间的对立、社会需要总量的有限性与资本生产不受需要限制之间的矛盾来阐述危机是如何周期性发生的。马克思的危机理论不仅在当时社会产生了较大影响,而且对于当代资本主义危机的产生和解决也提供了理论说明,增强了人们对马克思主义的信仰。马克思在劳动价值论上实现的科学革命及剩余价值理论、危机理论的发现,不仅使自己对资本主义经济运动的本质有了全面的认识,而且为自己后期思想的成熟与发展提供了科学的立场、观点与方法。

总之,人的需要问题既是一个理论问题,又是一个社会问题,它在经济学中占有不可忽视的地位。研究马克思的需要理论,不仅对于深入理解马克思的经济理论、科学看待需要理论在政治经济学发展过程中的作用具有重要意义,而且对于当前我们逐步完善、全面推动社会主义政治经济学的发展也具有重要意义。

三、马克思需要理论变革在科学社会主义领域中的意义

马克思需要理论以自身的科学性、革命性和实践性实现了对以往需要理论的超越,这为马克思、恩格斯制定科学社会主义基本原则提供了理论依据,同时也为科学社会主义从理论到实践的发展指明了方向。从社会主义的发展历程来看,社会主义国家的发展经历了从苏联解体、东欧剧变到中国特色社会主义蓬勃发展的过程。在这漫长的发展过程中,马克思需要理论在实践中不断得到了证实、丰富和发展,为科学社会主义从理论形态到社会制度形态的发展奠定了前提和基础。

科学社会主义的基本原则,主要是指社会主义理论发展和实践创新所必须遵循的基本规则或标准,它是一个内涵十分丰富的概念。基于马克思需要理论理解科学社会主义的基本原则,可以将其主要内容从经济、政治、文化、社会和生态角度进行概括。

第一,经济方面主要是指社会主义社会实行公有制,生产资料归全体社会成员所有,人们进行社会生产的根本目的是满足全体社会成员的需要。马克思、恩格斯看到了资本主义社会的生产不是为了满足全体社会成员的需要,而只是为了满足资本家对货币的需要,对资本增殖的需要,为此他们强调生产资料私有制是造成资本主义罪恶的总根源,所以主张社会主义社会必须建立生产资料公有制。此外,社会主义社会是以人民为中心的社会,所以国家对社会生产实行有计划地指导,实行按劳分配的原则,以确保无论是在社会生产还是分配方面都要以实现好、维护好、发展好人民群众的根本利益为目的。

第二,政治方面主要是指社会主义政治制度的制定,即社会主义社会必须坚持无产阶级政党的领导,建立无产阶级专政的国家,只有这样才能满足全体社会成员的生存与发展需要。马克思、恩格斯分析了资本主义社会的阶级对立,指出了无产阶级不仅不占有生产资料,而且在政治上还遭受着极为残酷的压迫,所以无产阶级为了满足自身最基本的生存需要必须推翻资产阶级的统治,建立无产阶级专政的国家政权,最终才能实现全人类的彻底解放。

第三,文化方面主要表现为社会主义社会必须坚持科学理论的指导,即在

现实社会生活中,必须坚持马克思主义的指导地位,以确保文化建设沿着正确方向前进。具体来说,就是要采用多种手段和方式,发展和宣传社会主义文化,尤其是大力发展社会主义先进文化,在全社会培育共同的理想信念和价值理念,创造出更多符合社会主义价值观的文化产品,以满足人民日益增长的精神文化需要。

第四,社会方面主要表现为努力实现共同富裕和社会全面进步,构建和谐社会。马克思、恩格斯看到了资本主义社会贫富两极分化带来的严重后果,看到了雇佣工人为满足自身的生存需要而不得不遭受资本家残酷剥削的现实,所以他们强调社会主义社会就是要消灭两极分化。他们还指出,只有当社会主义社会的生产力发展达到一定的高度,社会各层面充分发展时,才能向共产主义社会过渡。共产主义是人类最美好的制度,在共产主义社会中,人的物质需要、精神需要和个人自由全面发展的需要都将得到极大满足与发展,人类将实现从必然王国向自由王国的飞跃。

第五,生态方面主要表现为社会主义社会要合理改造和利用自然,实现人与自然和谐共生。马克思需要理论强调人与自然是生命共同体,随着人们物质生活的极大改善,人们对美好生态环境的要求也越来越高,这就需要人们自觉把保护生态环境贯彻到生产生活的全过程,以追求可持续发展为主线,合理改造与利用自然,以保证人与自然的永续发展,从而更好地满足人民不断增长的美好生态环境需要。

基于马克思需要理论来理解科学社会主义的基本原则可以看到,科学社会主义学说为社会主义事业的发展指明了方向,其蕴含的最高目的或价值就是要解放全人类,实现每个人的自由全面发展。人的解放包括需要的解放和劳动的解放,需要的解放依赖于劳动的解放,而且只有在共产主义社会,人的劳动才是完全的自由自觉的劳动,才成为人的生活的第一需要,个人才得到了真正的解放。总之,要基于马克思需要理论视角来理解科学社会主义学说,它是对人类社会发展的历史总结,同时它也开创了人类社会发展的新视野。

第五章 马克思需要理论的当代回响

前文我们已经详细论述了马克思需要理论产生的现实背景与思想渊源、形成与发展历程、主要架构,概要地呈现了马克思对以往需要理论的革命性变革。通过概述我们知道今天我们生活的时代与马克思所生活的时代相比,发生了翻天覆地的变化,但是马克思所创造的需要理论在当代仍然发挥着重要作用。本章将从马克思需要理论对当代西方和当代中国所产生的"效果历史"进行论述,探索其对当代的需要理论话语和现实实践的影响。

第一节 马克思需要理论在当代西方的回响

马克思需要理论的诞生不仅在其自身思想发展及当时社会发展历程中产生了重要影响,而且在 20 世纪以来的当代西方也引起了诸多学者的关注。不同流派的学者对马克思需要理论的看法不一,他们或是批判、或是继承、或是发展马克思需要理论,并在此基础上阐述了自己关于需要的总的看法和观点,形成了各自具有一定代表性的需要理论。本节主要选取了当代西方对需要理论持不同观点的五个代表人物,对他们的理论进行考察和论述,以期彰显马克思需要理论在当代西方所产生的巨大影响力。

一、马斯洛的需要层次论

在当代西方学术界,基于心理学视阈研究人的基本需要,比较具有代表性的学说当属美国心理学家马斯洛的需要层次理论。马斯洛在研究马克思需要理论的基础上,提出了自己关于人的需要的新观点,他认为人的各种各样的需要存在于一个有机体中。1943 年,马斯洛在其著作《人的动机理论》中首次提出了著名的"需要层次论",1954 年,在《动机与人格》一书中"人类动机理论"章节,他将人的基本需要按照重要性和层次性,由低到高归纳为五类:生理需要、安全需要、社交需要、尊重的需要及自我实现的需要。

作为一个人本主义心理学家,马斯洛十分重视对人的需要的研究,他认为人的需要是一个不断发展的动态过程。他把生理需要看作其他一切需要的基础,是人类为了维持自身生存而必须满足的需要,指的是衣食住行等基本生活需要。在生理需要得到一定程度的满足后,人还会产生生活、财产、人身等方面的安全、稳定获得保障的需要。他通过对婴儿和儿童、成年人关于安全需要行为的分析与研究,指出当人的生理需要得到相对充分的满足后,人们对安全感的需要就会变得尤为迫切,就会更喜欢安全有序的生存环境,尤其是婴儿和儿童表现得更为明显。马斯洛将生理需要和安全需要归为低级需要,这是人和动物共有的需要,除此之外的三个层次的需要是人的高级需要,其中尊重的需要和自我实现的需要是人类所独有的需要,这些观点与马克思需要理论是相吻合的。马斯洛认同马克思关于社会性是人的重要本质特征的观点,当人身安全在得到保障的前提下,人就会进一步产生社会交往和情感的需要,寻求亲情、友情、爱情等情感上的慰藉,因此社交需要也称为归属和爱的需要。尊重的需要是指精神层面的需要,正如马克思所言,需要是一个超物质的发展过程,马斯洛沿着马克思的思想脉络,在社会物质交往需要的层面上提出了更高层次的精神需要——尊重的需要。人们在社会中生活,绝大多数人(马斯洛认为只有少数病态的人除外)都具有自尊的需要,而且倾向于获得他人尊重,这种倾向可以区分为两类:一是当个体自尊需要得到满足后就会变得更加自信,二是如果个体自尊需要遭受挫败就会产生自卑,这种自尊的需要把个体的价值建立在他人的主观评价、外在的名誉和虚假的阿谀奉承之上是不健康的。当上述所有需要都得到了满足,又会产生新的欲望——自我实现的需要,即"一个人能成就什么,他就必须成就什么,他必须遵从自己的内心"①,也就是

---

① [美]亚伯拉罕·哈罗德·马斯洛:《动机与人格》,刘晓丹译,团结出版社 2021 年版,第 64 页。

指人实现自身潜能的倾向,能够成为自己理想中的人。对此,马斯洛还强调个体自我实现的需要差异很大,原因在于个体的理想和实现这一理想的方式不同。

在此基础上,马斯洛又提出了认知需要与审美需要,五层次说没有明确界定认知需要和审美需要的具体位置,后来在七层次说中将二者置于尊重需要和自我实现需要之间,进一步完善了人的需要层次论。在明确了需要层次的具体内容之后,马斯洛指出需要的各层次之间是相互递进的关系,它们之间的关系犹如层次分明的金字塔。其中,生理需要是人类最原始、最基本、最低层次的需要,自我实现的需要居于“金字塔”的最高层,上一层次需要的出现以其前一层次需要在一定程度上的满足为基础。马斯洛还强调了人的需要对人的行为具有激励作用,只有尚未得到满足的需要才能在一定程度上影响人的行为,但需要不是决定人的行为的唯一因素。根据马斯洛对于人的需要层次的论述,可以看到人有多种多样的需要,正是在多样性需要的驱动下,人能够为自己创造出多重的意义世界和价值世界,这是人与动物相区别的特性之一。对此,卡西尔也说:“人之为人的特性就在于他的本性的丰富性、微妙性、多样性和多面性。”①

事实上,马斯洛的需要理论已经认识到需要发展的层次性,也看到了需要的层级不是固定不变的,对于某些特殊个体而言,需要层级的部分顺序会由于个体的兴趣爱好等因素而发生变化,所以马斯洛在阐述需要理论时十分重视人的潜能的发挥。当然,马斯洛关于人的需要问题的认识也存在着不足,主要表现在以下几个层面:其一,马斯洛在阐释人的需要层次论时,尤其关注个体需要,认为个体需要的满足是促进个体发展的内在力量,因此他的需要理论实际上是以个人为中心的,忽视了需要主体的具体范畴。诚然,个人是需要的主体,但需要的主体不仅仅是个人,还有群体、组织、国家、社会、人类等。其二,马斯洛从生理—心理学角度对需要层次论的阐释实质上没有脱离自然主义的局限,主要基于生活经验的观察和归纳,缺乏一定的哲学思辨和逻辑演绎,又带有一定的机械性。其三,马斯洛还从社会学的角度研究和探讨了人的需要

① [德]恩斯特·卡西尔:《人论》,甘阳译,上海译文出版社2003年版,第19页。

问题。在社会功能的维度上,马斯洛的需要理论脱离了现实社会的因素,把生理需要完全视为人的生物本能,把安全需要看作"趋利避害"的表现,忽视了需要与人的本质、人的实践之间的联系,没有在社会实践中考察需要产生和发展的根源,完全忽视了社会存在对个体成长的决定性作用,从根本上表现为一种抽象人性论。

总的看来,与马克思侧重于满足现实的人的需要相比,马斯洛的需要层次论脱离了人的现实性,鲜明地站在资产阶级的立场上,维护的是资产阶级的利益,反映的是现代资本主义的生产结构,它被资本家用来满足工人各种层次的需要,其实质是为了让工人生产出更多的剩余价值、更多的利益来满足资本家对资本增殖的需要。即便马斯洛的需要理论不尽完善,但他同马克思一样,也把人的需要看作一个由低到高、相互联系的有机整体,对此我们应该给予肯定,在某种意义上可以说马斯洛的需要层次论是对马克思需要理论的进一步细化与发展。

二、萨特的存在主义需要学说

萨特作为存在主义的西方马克思主义流派中最有影响力、最典型的代表人物,其最主要的任务就是重新解读马克思主义。他在 1960 年写作的《辩证理性批判》一书中,以人的需要为基石建构了存在主义的马克思主义的基本理论体系,一种以个人的具体活动或个人的实践为基础的历史的人类学(历史人学),以人的需要的发展变化解释历史的发展,其需要学说就是在这样的背景下形成的。

萨特对人的需要内涵的界定。萨特认为在人生活周围的物质环境中,普遍存在着匮乏,即用以满足人的基本需要的物质资料的缺乏或不足,当人类在日常生活中感受到匮乏时,生物有机体也就体验到了匮乏感,他将人的这种匮乏感称为人的需要,即"需要生存在人固有的匮乏之中"[①]。从萨特转变后的哲学思想体系来看,他认为匮乏是人类历史的起点,匮乏构成了人类历史的初始结构,人类一直处于一个匮乏的社会中,虽然匮乏在不同时代或者不同地区

---

① Elizabeth Butterfield, "Sartre and Marcuse on the Relation between Needs and Normativity: A Step Beyond Postmodernism in Moral Theory", *Sartre Studies International*, Vol.10, No.2(2004), p.31.

的表现程度有所不同,同种类型的匮乏对不同地区或者不同人群的影响也不同,但是"人类的总体发展,至少迄今为止,一向是在同匮乏作艰难的斗争"①。虽然匮乏在表面上体现为人类同物质性之间的一种特殊的、偶然的关系,但实际上体现的是一种普遍的、必然的人类关系。这表明萨特在走向存在主义的马克思主义进程中,已经认识到了物质条件对于人类历史发展的重要性。而且在萨特看来,匮乏并不是自然的、自在意义上的与主体无关的存在对象的稀缺性,它是相对于主体需要而言的,所以萨特认为匮乏源于人的生存需要和社会发展需要。在这里必须注意的一点是匮乏并不直接等同于需要,匮乏同人的需要密切联系在一起,但二者又存在着区别:需要导致匮乏的产生,匮乏与人的需要相对应。需要表现为对人赖以生存和发展的必要条件的依赖性,人为了使自己生存下去,就必须克服外界环境对于人的制约性,克服匮乏的状态,以实现人的正常生存与发展。随着社会生产力水平的逐步提高,人的各种需要不断地得到满足,与此同时,人的需要不管是在数量上还是层次上都发生了新的变化,达到了更高的水平,由此一来,人类对物质的需要在人的贪欲影响下愈发得不到满足,人对匮乏的体验感就越来越强。这也就体现出了与社会生产力水平相适应的匮乏具有明显的历史性和普遍性。尽管匮乏作为人类社会存在的一个基本事实具有历史性和普遍性,与人类社会共存,但是萨特认为仍然可以找到应对匮乏的办法。总之,萨特认为需要不只是对于客观物质的一种纯粹的缺乏,基于匮乏概念之上的人的需要包含两方面的含义:一是指人体验到的某种匮乏感,二是指人对匮乏的一种否定性倾向。由于匮乏的形式和状态是多种多样的,不仅有保证生命有机体生存的物质匮乏,而且还有非物质层面的匮乏,如时间的匮乏、人类道德的匮乏、人的理想的匮乏等,这就决定了人的需要的内容也是极为丰富的。萨特在其著作中分析了人的需要的主要内容,具体来说主要包括以下几个方面:人对物质、文化、自由、他人及"完善的人"的需要。

萨特关于人的需要对个体发展作用的阐释。萨特认为人的需要在个体发

---

① ［法］让-保罗·萨特:《辩证理性批判》上卷,林骧华等译,安徽文艺出版社1998年版,第262页。

展过程中起着不可替代的作用,主要表现在需要是人的实践活动产生的内在动因,需要赋予个体生命存在的意义,是实现个体发展和自由的动力。首先,需要是人的实践活动产生的内在动因。按照萨特的观点,匮乏充斥着整个社会,生活在匮乏环境中的人,为了满足自身的需要,必然向外部世界索取物质材料,而自然界提供的原材料并不能直接满足人的需要,必须通过一定的生产实践活动进行加工。因此,需要是引起人的实践活动的内在动因,正是因为人的丰富需要才推动了个体实践活动的不断发展。萨特在《辩证理性批判》中就曾明确指出,人的实践是由需要引起的,"由于身体就是功能,功能就是需要,需要就是实践,所以可以说,人的劳动,即人藉以产生和再造他的生活的原初实践,完全是辩证的"①,可见萨特把人的劳动的产生也归因于需要。总的来看,萨特关于人的需要与实践关系的观点同马克思的需要理论具有很多相同点,不同的是在分析人的需要与满足时,萨特专门强调了匮乏这一人类历史发展无法摆脱的前提条件,他把克服匮乏和消除异化当作人的实践和历史发展的基本内涵。此外,虽然萨特强调个人实践的重要性,但是,个体实践不是孤立的,而是趋向于整体化的,即在个人实践的基础上形成人与自然、人与人的相互作用,形成共同的实践。其次,需要赋予个体生命存在的意义。萨特作为一名存在主义者,他一生的研究都是在为个体的生命存在寻找一种意义。在他看来,一切人类有机体都是暂时的、偶然的和有限的存在,所以人类就必然会为他们的生命存在寻找一种意义,这是出于对无限和绝对的追求的需要。而在萨特看来,能满足这些条件的对象只能是上帝,在这里,需要明确的一点是他特别强调这种需要与宗教冲动是不同的。萨特明确指出,人们对于绝对和无限的这种需要的追求并不代表人想成为上帝,这种形式上看似具有宗教特征的需要实则是想要由上帝来证明人存在的合理性和必然性。晚年时期的萨特已经认识到这种对无限和绝对的需要并不能够得到满足,他认识到人是通过他人的爱尤其是父母的爱给自己的生命赋予意义,这种爱的满足让人感受到自身存在的重要性,唯有如此,人才能够获得绝对的自由,从而体会到生

---

① [法]让-保罗·萨特:《辩证理性批判》上卷,林骧华等译,安徽文艺出版社 1998 年版,第 227 页。

命的价值所在。最后,需要是实现个体发展和自由的动力。在萨特看来,人生来就是自由的,人有选择和超越的自由,需要能够为个体实现选择和超越的自由提供动力。人有选择的自由,人在做出选择时受自身性格的影响,个体对爱的需要和满足影响性格的形成,而个体在婴儿时期对父母爱的需要又是先于个体的选择自由。这表明个体在婴儿时期对父母爱的需要将会限制个体的选择自由,这就需要超越限制个体选择自由的内在结构。同时,这也反映出人的需要还为超越自由提供了动力,因为人有丰富多样的需要,正是在这些需要的驱使下,人才有目的、有意识地去从事实践活动,努力实现自身的全面发展,使自己获得最大程度的自由。

萨特的需要学说是对马克思需要理论的继承与发展,他比马克思更加强调需要对个体发展的重要性,此外,他还进一步分析了需要对于社会发展和社会伦理道德的意义。关于人的需要对社会发展产生的意义,萨特认为历史是由人创造的,人类历史的发展正是由人的需要推动的。如前文所述,需要作为连接人类有机体与外部环境的中介,推动着人去劳动,在劳动过程中,人的需要得到了满足,同时也结成了各种社会组织,这表明人的需要是社会组织建制的基础。随着社会组织的出现与发展,又形成了阶级,阶级的发展必然会引起一系列的阶级斗争,因此,归根结底可以说人的需要是阶级产生和阶级斗争的原因。萨特还强调人的需要是社会伦理道德的基础。在萨特看来,需要是道德产生的前提和基础,道德现实地植根于人的需要之中。萨特赞同马克思的道德观,但他与马克思又是不同的,这主要体现在萨特基于需要学说提出的"完整的人"的思想。萨特认为人的需要赋予了道德"完整的人"的规范性特征,"完整的人"是人的一种应然状态,他把对"完整的人"的追求视为适合所有人的道德目标,指引着人类独立地去创造一种纯粹的将来。而马克思认为适合所有人的道德是不存在的,任何道德都具有历史性和特殊性。此外,萨特作为一名存在主义的马克思主义者,他还宣称真正的人道主义也只能建立在人的需要的基础之上。

萨特和马克思关于需要的理论有很多相似的观点,但由于二人对人的本质的理解不同,所以他们关于人的需要的研究与阐释也存在诸多不同,如他们关于需要的研究方法、对个体需要的重视程度、对"完整的人"的理解、需要在各自理论体系中的地位等都存在着差异,这也恰恰反映出了萨特在解读马克思主义时保留着存在主义的立场。总的来说,萨特的需要学说并没有超越马克思主义,他企图填补马克思主义的"人学的空场"最终也以失败告终,这一结果与他对待马克思的态度有关,在政治上,他始终是马克思的同路人,但是他却不赞成马克思的唯物主义决定论,这使得他的思想带有浓厚的德国唯心主义哲学色彩,以至最终未能对马克思需要理论作出科学的解读。

三、马尔库塞的虚假需要理论

马尔库塞作为著名的西方马克思主义者、法兰克福学派的重要代表人物之一,深受马克思异化理论的影响,深入研究了马克思的异化劳动理论,并基于社会批判角度提出了"虚假需要理论"。马尔库塞将人的需要分为真实需要和虚假需要,真实需要即人生活在现实社会中产生的符合人的本性的需要;虚假需要是"为了特定的社会利益而从外部强加在个人身上的那些需要,使艰辛、侵略、痛苦和非正义永恒化的需要"①。正是在对发达工业社会中人的需要问题进行深入考察的基础上,马尔库塞提出了"虚假需要理论",体现了他对工业文明社会中人的生存困境的关怀。

对于马尔库塞提出的虚假需要理论,我们需要从以下两个方面来把握其具体内涵:第一,虚假需要是外界强加于人身上的需要。二战后,西方资本主义社会的生产力水平和科学技术水平大幅提升,创造出了大量的财富,丰富了人们的物质生活需要,很大程度上提高了人们的物质生活水平,人类社会也进入了发达工业社会。马尔库塞认为资本主义发达的工业社会是一种消费社会,是一种单向度的社会。所谓"单向度"是指人们对资本主义社会中的一切都只是肯定和认可,而没有否定和批判,变成了一种单向的思维,这体现在马尔库塞的虚假需要层面,即人们沉迷于资本主义生产发展带来的丰裕的物质生活中,而没有分析和思考资本主义制度的合理性。在这种极权社会中,人们会受到外界因素尤其是统治阶级意识形态的消费模式影响,导致人们不是按照自身的真实需要而是根据外界的要求去追逐更多的物质需要的满足,这并

---

① [美]赫伯特·马尔库塞:《单向度的人——发达工业社会意识形态研究》,刘继译,上海译文出版社 2008 年版,第 6 页。

不能够给人带来真正的幸福。第二,虚假需要是为了特定的社会利益需要。在发达的工业社会中,需要的主体不是现实的个人,而是发达的工业社会,因而虚假需要实际上是占统治地位的阶级即资产阶级的需要。资产阶级宣扬消费主义的生活方式,使人们陷入物质需要和享受需要的"欲望漩涡",而资产阶级为了无偿获得越来越多的剩余价值,通过采取一些措施刺激人们盲目追逐虚假需要,"诸如休息、娱乐、按广告宣传来处世和消费、爱和恨别人之所爱和所恨"①等,疯狂追逐这些需要最终会使人变成"单向度的人"。正如本·阿格尔所言,"虚假需要之所以是虚假的,并不是因为它们的内容使马尔库塞感到不快,而是因为它们是由统治的利益培养的,不是自由地自我决定的"②。

马尔库塞批判发达工业社会是一体化的社会。在发达的工业社会中,消费者完全被虚假需要所支配,并盲目追逐虚假需要的满足,人们的现实利益与工业社会融为一体,与现存制度一体化,被现存社会所驯服,并丧失了批判能力。在这种情况下,被人为制造出来的虚假需要的大规模盛行给人类社会带来了许多严重的后果:无尽的精神痛苦、人处于严重的异化状态、阻碍社会的进步与发展等。面对虚假需要充斥着整个社会的现实,马尔库塞仔细考察了资本主义社会中人的需要的发展进程,首先,指出当今社会的弊病就在于迅速发展的科学技术统治、压抑着人的本性,使人处于严重的异化状态。其次,马尔库塞指出虚假需要是资本主义社会发展到一定阶段的产物,他将虚假需要称为一种"历史性需要"③。尽管马尔库塞认识到了人的需要具有历史性,但是他并没有将需要的历史性贯彻到他自身的理论中,加之马尔库塞还深受马克思异化理论中人的本质力量受到压抑和弗洛伊德文明的发展压抑人的本性观点的影响,使得他的需要理论始终停留在抽象的人性需要理论的水平上,始终没有从历史唯物主义的角度来看待和分析人的需要和社会的发展进程。

面对发达工业社会中人的异化愈发严重、工人阶级已经与资本主义一体

---

① 〔美〕赫伯特·马尔库塞:《单向度的人——发达工业社会意识形态研究》,刘继译,上海译文出版社 2008 年版,第 6 页。

② 〔加〕本·阿格尔:《西方马克思主义概论》,慎之译,中国人民大学出版社 1991 年版,第 270 页。

③ 〔美〕赫伯特·马尔库塞:《单向度的人——发达工业社会意识形态研究》,刘继译,上海译文出版社 2008 年版,第 6 页。

化的样态,马尔库塞认为马克思所说的依靠无产阶级革命并不能够实现人的解放。诚然,马尔库塞也主张通过革命来克服虚假需要,从而建立起超越发达工业文明的真正意义上的自由社会,但是马尔库塞在这里所说的革命与马克思所说的无产阶级革命是根本不同的。首先,体现在革命的主体不同,马克思强调的无产阶级革命的主体是无产阶级,马尔库塞则将革命的主体寄希望于未被"虚假需要"迷惑的社会底层人士,如流浪汉、其他种族和肤色的被剥削者、失业者等,后来又寄希望于青年学生和知识分子。其次,马克思所说的革命是阶级与阶级之间的政治革命,马尔库塞所说的革命则是指基于人对自身奴役状态觉醒的一种意识革命,他企图通过这种意识革命取代政治经济革命,从而实现虚假需要的消除与真实需要的满足。此外,马尔库塞与阿多诺一样,主张在艺术中寻找革命原则,因为在他们看来,艺术作品所蕴含的反抗现实的因素能够激励人们奋起反抗。马尔库塞还试图从人的生物本性入手来改造人,摆脱外界强加给人的各种标准,从而实现真正的幸福。然而,他所主张的这种革命实质上是一种现代乌托邦革命,他关于理想社会的设想只能表现为一种抽象的"乌托邦思想"。

马尔库塞在一生的研究工作中,始终试图将马克思主义与某种西方社会思潮相结合,重新解释马克思主义。由于其理论在多方面都具有局限性,这决定了他的需要异化理论存在着缺陷,所以他没能科学地理解马克思的需要理论。但马尔库塞的虚假需要理论深刻地揭露了资本主义社会的繁荣假象,尖锐地批判了资本主义社会对人性的压抑、异化及扭曲,揭露了在统治阶级的遮蔽下人们的真实现状,表面是物质的不断丰富,实际上是人们处在一个充满极端统治与剥削压抑的社会。尽管马尔库塞的虚假需要理论存在着诸多不合理之处,但是其中包含的批判、否定与革命的思想是值得肯定的,基于此,可以说马尔库塞对马克思需要理论在西方的传播与发展作出了一定的贡献。

四、鲍德里亚的抽象需要理论

鲍德里亚通过对消费社会的详细分析进而对人的需要理论进行了深入探究,他认为正是人的需要的增长与生产力发展之间的不平衡关系导致了消费社会的产生,即消费社会是一种与生产力发展相适应的特定社会化模式。他认为在消费社会里,人们的消费行为以及这种行为的符号化起着决定性作用,因此,他认为以生产为基础的马克思需要理论似乎已经过时了。对此,鲍德里亚在汲取前人研究经验的基础上,结合符号学和精神分析学的成果,建构了消费社会批判体系来批判马克思需要理论,从而阐释自己对于需要的新的认识。

首先,鲍德里亚认为需要产生于主客体之间的二元对立。在对消费社会进行批判的过程中,鲍德里亚首先把矛头对准了作为意识形态的资本主义政治经济学,他认为要从根本上批判政治经济学,就必须彻底否定构成政治经济学理论的基础概念。而且鲍德里亚认为马克思关于生产、劳动、需要、使用价值等概念的分析没有超出资本主义的意识形态,仍然保留了古典经济学中的那些抽象的普遍的概念,所以他认为马克思并没有真正批判资本主义制度与社会现实,对马克思的政治经济学大加批判。1973年,鲍德里亚出版《生产之境》一书,指出了马克思以生产为基础对资本主义的批判实际上是一种"生产方式"的批判,未触及生产本身,并且他认为生产是人们反观自身的镜像,充满了虚幻性,这本书的出版也标志着他与马克思的决裂。在此基础上,鲍德里亚指出马克思以生产和劳动为基础延伸出来的需要实际上是根植于马克思思想深处的主客二分的思维方式。而且"在传统的消费理论中,主体与客体是作为对立双方出现的,只有存在着分离,才能产生交换"①。对此,鲍德里亚曾说:"对心理学家、经济学家等人而言,虽然他们区分了主体与客体,但若不蒙'需要'的恩宠,二者的重合几属不可能。"②但是,这里所说的需要不是来源于个体自身内在的生存和发展的真实状态,而是被外部的商品体系生产、创造出来的。对此,他指出:"需要并不是主体动机的表达,也不能表征主体的一种本真状态,它不过是主体在使用价值体系和交换价值体系共同作用下的一种功能性还原。"③由此我们可以看到,鲍德里亚对政治经济学的批判可以说是一种美好的乌托邦,最终必然会走向形而上学。

其次,鲍德里亚认为需要服从于资本主义生产目的。根据鲍德里亚的观

①　仰海峰:《走向后马克思:从生产之镜到符号之镜——早期鲍德里亚思想的文本解读》,中央编译出版社2003年版,第163页。

②　Jean Baudrillard,*For a Critique of the Political Economy of the Sign*,St.Louis:Telos Press,1981,p.70.

③　[法]让·鲍德里亚:《符号政治经济学批判》,夏莹译,南京大学出版社2009年版,第152页。

点,资本主义社会中人的需要之所以存在,是因为资本主义的发展需要其存在。资本家为了追逐巨额利润,支付给工人工资以满足工人最基本的生活需要,确保工人能够为其生产出更多的剩余价值。此时工人不是作为真正的人存在,而是作为与机器、设备、厂房等不变资本相对的可变资本而存在,剩余价值就是由工人这一可变资本创造出来的,所以资本家关心的工人的"需要"不是工人生活的"需要",而是为资本主义生产服务的劳动力"需要"。在资本迅速增长的消费社会阶段,"需要"的地位更是得以凸显,尤其是1929年经济大萧条极大地冲击了西方资本主义社会,进一步加剧了生产与消费之间的矛盾,面对这样的困境,资本家意识到工人不仅可以成为生产剩余价值的劳动力,而且他们还把工人抽象为消费力,工人从"劳动力"向"消费力"的转化凸显出了资本家对工人的剥削程度更加严重,同时也表明生产体系向私人领域的进一步扩张。在这一意义上,人被塑造为消费机器,成为只知道生产和消费的"生产主义者""一个幸存的生产力"。①

最后,鲍德里亚还认为需要会导致人的生命物化。关于消费社会中需要物化的现象并不是鲍德里亚首先提出的,在当代有诸多学者都曾对这一问题进行过考察,鲍德里亚与他们不同的地方在于他并没有将需要与物的使用价值简单挂钩,而是在对消费社会中物的系列化生产进行仔细考察的基础上,提出了"需要体系"。鲍德里亚认为需要"作为体系自身的功能运演,即幸存以及再生产的过程所必需的生产力"②,不是符合人的本性的需要,而是一种符号化的需要,其中蕴含着拜物教思想。在鲍德里亚看来,需要指的是人与物之间的关系,或者说是主体与客体之间的关系,他指出在消费社会中,主体与客体发生了颠倒,即物成了消费社会中的主体,原来的主体消费者却变成了由物生产出来的客体。而在消费社会里,人的需要是生产的结果,可以说消费欲望是由社会生产激发出来的,消费本来是用来满足人的需要的一种合理手段,是客体满足主体需要的过程,而在消费社会中却变成了客体消费主体。在这

---

① Jean Baudrillard, *For a Critique of the Political Economy of the Sign*, St. Louis: Telos Press, 1981, p.86.

② [法]让·鲍德里亚:《符号政治经济学批判》,夏莹译,南京大学出版社2009年版,第67页。

层意义上,需要不再隶属于主体,而是属于消费意识形态并不断地被创造出来,或者从更本质的意义上来说消费支配着人的生命。这表明在物质丰盛的消费社会中,需要本身已经陷入了困境,它被虚假化的信息所诱导,从而使得人丧失了对真实需要的辨别能力,人们消费的不是发自内心的真实需要,而是消费一些具有符号象征意义的、远远超过自身使用价值的产品,虚假需要成为主体行为的内在驱动力。而且,鲍德里亚明确指出使用价值是对人类需求体系的抽象,这时人们所追求的不再是物的具体的使用价值,人对物的需求只是为了凸显自己身份和地位的符号。当社会上的一切价值不再是以生命而是以物来衡量时,这个社会就是一个完全被异化的社会,人成为异化状态下的人,人的需要成为被资本操控的需要,进而导致人对物的纯粹追求,最终使得人的生命物化。

作为马克思主义批判理论家,鲍德里亚从根本上反对的是马克思的历史唯物主义,否定马克思历史唯物主义视阈中的社会存在和人,他旗帜鲜明地否定的东西是生产和劳动,在此基础上,他把需要完全视为社会符号体系的产物,意图消解需要与人的自然本性之间的联系。鲍德里亚对马克思需要理论进行批判的过程中,认为自己的早期理论就已经超越了马克思的理论,但实质上其批判的整体理路"仍然处于马克思的资本框架之中"①。但是,他没有区分需要的自然属性和社会属性,也没有对作为目的的需要和作为手段的需要、资本需要和人的需要进行区分,最终使自身陷入了乌托邦主义和虚无主义,因此他对需要的根本否定其实是一种唯心主义的话语。尽管鲍德里亚对消费社会中需要的研究没有达到马克思需要理论应有的高度,但是他的研究仍然拓展了需要理论的研究视阈,为我们研究人的需要理论提供了一些可供参考的启示。

五、赫勒的激进需要理论

赫勒是布达佩斯学派的代表人物,卢卡奇的学生,著名的马克思主义思想家。她于 20 世纪 50 年代后期开始研究马克思主义思想,在分析资本主义社

---

① 仰海峰:《走向后马克思:从生产之镜到符号之镜——早期鲍德里亚思想的文本解读》,中央编译出版社 2003 年版,第 323 页。

会和当时东欧社会主义现状的基础上,从人道主义的立场出发,重新理解马克思的需要理论,并建立了自己的需要理论——激进需要理论。

赫勒在对马克思需要理论分析的基础上,批判了资本主义社会的需要结构。赫勒认为需要理论贯穿于整个马克思思想体系,而且需要在马克思那里是一个内涵十分丰富的范畴。首先,赫勒认为马克思的需要不只是经济范畴,马克思还从历史哲学或者人类学的价值范畴来规定需要。在经济学层面,赫勒认为马克思在政治经济学领域取得的成就是建立在需要理论基础之上的,无论是劳动价值论中使用价值的界定,还是剩余价值理论的阐释都离不开需要。其次,赫勒认为"需要的异化问题是马克思对需要的哲学分析的中心"①。据此,赫勒展开了对资本主义社会需要异化结构的批判,她在1974年出版的著作《马克思的需要理论》一书中,鞭笞了现实资本主义社会中需要的异化,并从四个方面对其展开论述。

一是手段与目的关系的颠倒,人由目的变成了手段。赫勒以具体劳动与抽象劳动的对立为例,人们的需要主要是由具体劳动创造的商品的使用价值来满足的,然而现在却变成了满足资本增殖的手段;原本作为手段形成商品价值的抽象劳动现在却成了目的,用于满足人的生存需要。二是质与量关系的颠倒。赫勒认为,资本主义生产的发展创造出了十分充裕的需要,且需要的量超过了需要的质。虽然人们的物质生活水平逐步提高,但是人的需要不仅没有得到满足,反而还遭到了压抑,大多数人处于需要匮乏的境地,尤其是工人的需要更是受到资本的奴役和操控,退化到了动物需要的水平,使得人片面化发展。究其根本,这主要是因为资本主义社会不断创造出新的需要不是为了满足人们的真实需要,而是为了实现资本增殖,就此赫勒指出这种需要实质上是"对需要的专政"。三是需要的贫困。资本主义社会的需要结构呈现出同质化和贫困化的趋势。这主要表现在需要日益被归结为一种同化的需要,对资产阶级而言同质化的需要表现为实际占有,对工人阶级而言表现为生存需要。四是个人私利成为社会的主导逻辑。通过对马克思关于利益相关论述的研究,赫勒认为传统马克思主义把阶级利益(共同利益)看作阶级斗争动力的

---

① Agnes Heller, *The Theory of Need in Marx*, New York: ST. Martin's Press, 1976, p.44.

观点是错误的,阶级斗争的动力只能是工人阶级的"激进需要"。根据马克思的论述,人只有突破需要异化的限制,才能够成为解放人类的现实力量,因此,赫勒试图通过对资本主义社会的解构,寻找导致人的需要异化的根源,通过探索满足人的需要的途径,进而实现人的自由解放。

　　基于对资本主义社会需要结构的批判,赫勒提出并阐释了"激进需要"的概念,这是她基于对马克思需要异化思想做出的理论创新。为了引出"激进需要"这一概念,赫勒还对马克思的"社会需要"概念进行了分析。马克思在不同层面的意义上使用社会需要这一范畴,主要含义包括以下四个方面:第一,社会需要是指"社会地生产出来的需要",这是每个人的需要;第二,社会需要是指"社会化的人的需要",是共产主义的人的需要;第三,社会需要是指资本主义生产方式下有支付能力的需要,主要是指工人阶级的"社会需要"①,反映的是不同阶级的互相关系;第四,社会需要是指社会按比例生产所满足的需要,是指社会主义生产条件下的社会的真正需要。同时,赫勒还指出马克思也承认作为个体的人的需要,她认为在马克思那里,人的需要是一个"社会需要"涵盖"个体需要"的整体概念。在这一点上,赫勒与马克思的不同之处在于她更强调个人需要,她甚至说:"个体的需要就是他所知道的、所感受到的他自己的需要——他没有其他的需要。"②。赫勒强调了"个人"对于"激进需要"的意义,她认为资本主义社会中人的需要的满足是一种量的满足,而"激进需要"所主张要重构的是满足人的质的需要,更加关注每个人的不同需要。

　　赫勒创立的激进需要理论与马克思所强调的激进需要是不同的。早在《黑格尔法哲学批判》中,马克思就提出了"激进需要"一词,但并没有对"激进需要"下定义。根据马克思的论述,可以看到他认为"激进需要"是在现存社会中产生,却不能在现存社会中得到满足的需要,工人阶级是拥有激进需要且能付诸实践的主体。在对马克思需要理论进行分析的基础上,赫勒指出:"我们把所有在一个以依附与统领关系为基础的社会中出现,但在这样的社会中

---

　　① 马克思在这一意义上使用"社会需要"概念时总是加上引号,以与真正的社会需要相区别。

　　② Agnes Heller, *The Theory of Need in Marx*, New York: ST. Martin's Press, 1976, p.70.

不能被满足的需要表征为激进的需要。"①在赫勒看来,马克思坚持认为是资本主义社会的异化促进了激进需要的产生,把激进需要看作工人阶级的真正需要,强调激进需要是克服异化的重要武器。与马克思不同的是,赫勒认为激进需要是资本主义社会向共产主义社会过渡的必然,是资本主义社会需要结构中的固有层面,在资本主义社会中是不能够被消除的,主要原因在于激进需要对于资本主义社会的运行起着必要的作用。② 在赫勒看来,马克思所强调的"激进"就在于它尤其强调"个人"。因此,如何使"个体的需要"从"社会需要"的拜物教中真正解放出来是赫勒进行理论思考与阐释的重心所在,在赫勒那里,"个体"超越"社会"的倾向无疑占据了主导地位。在关于"个体需要"和"社会需要"的关系上,赫勒对马克思观点的认识存在着误读,马克思主张运用辩证法的观点看待二者之间的关系。

在赫勒看来,需要是一种自觉的渴望、强烈的愿望和意图。它总是指向某一特定的目标,并且激发着行动。作为布达佩斯学派的领军人物,在重思马克思主义的过程中,赫勒对马克思需要理论具有独特的、深刻的理解,她认为要克服人的自我异化,除了马克思所强调的政治革命外,还必须从需要的结构以及人的存在方式上实现变革。虽然她在分析马克思需要理论的过程中对一些观点存在着一定的曲解,即过于偏重价值分析,而忽视了对马克思需要理论的实践范畴和关系范畴的分析,忽视了生产分析的重要性等,但是赫勒能够在新的时代背景下对马克思需要理论进行深入挖掘和系统研究,批判性地反思人类的生存状况,这也充分体现出了她作为一名马克思主义学者特有的人文关怀。

纵览马克思需要理论在当代西方产生的理论回响,可以看到诸多学者从心理学、社会学、经济学等不同角度对马克思需要理论进行了回应,赋予马克思需要理论一定的传承性和价值性。而且,当代西方学者多是集中于从异化角度研究马克思需要理论,他们所处的资产阶级立场难免使得理论带有一定的资本主义色彩。因此,深入挖掘马克思需要理论的当代价值,借鉴西方需要

---

① Agnes Heller, *The Theory of Need in Marx*, London: Allision&Busby, 1976, p.123.

② 参见王海萍:《赫勒的需要理论对马克思人类解放理论的丰富与拓展》,《求是学刊》2020 年第 5 期。

理论来解决当前我国社会主义现代化建设进程中人的需要的满足问题时,一定要做到去芜存菁,将需要理论与具体实践相结合,为构建人民满意的社会而奋斗!

第二节　马克思需要理论在当代中国的回响

马克思需要理论不仅对当代西方需要理论的发展产生了深远影响,而且对当代中国关于满足人民的需要层面也发挥着极其重要的作用,尤其是马克思需要理论中所阐述的关于人的需要与人的存在、社会生产及人的发展之间的关系,对于当代中国人民需要的满足与社会主要矛盾的转化之间的关系具有十分重要的影响。新中国成立后,学术界关于马克思人学思想的研究日益增多,其中有关马克思需要理论的研究也逐渐引起学者们的关注。综观马克思需要理论的主要内容及其中国化的发展历程,为我们提供了审视当代中国人的存在与发展、人民多样性需要的不断变化发展及其满足方式的社会历史性的视角和方法,内蕴着从"人民需要"到"人民中心"的逻辑理路。我国在当代关于人的发展、社会主要矛盾的转化及人民需要满足的路线、方针、政策等的制定,实质是马克思需要理论的当代赓续。

一、社会主义革命和建设时期(1949—1978):"温饱生活需要"

新中国成立初期,国内面临着能否保住革命胜利的果实、能否战胜严重的经济困难、能否经受住全国执政的新考验等诸多困难和紧迫问题,以毛泽东同志为主要代表的中国共产党人,科学判断当时国内国际形势,在捍卫新中国独立和主权的基础上,采取一系列积极稳健的政策带领中国人民进行社会主义革命,逐步解决民主革命遗留的各方面问题,恢复新中国成立前遭到严重破坏的国民经济,推进社会主义建设,以保障人民当家作主,满足人民群众的"温饱生活需要"①。

---

①　新中国成立前,中国人民最关注的是民族独立和人民解放,这一时期人民的基本需要可以称为"生存性需要"。新中国成立后,中国人民实现了政治解放,开始追求经济发展,尽管进入社会主义革命和建设时期,人民的生活水平初步提高,开始追求思想文化领域需要的满足,但是将社会主义革命和建设时期人民的需要放到马克思需要理论在当代中国的回响之总进程中看,这一时期的需要仍然是以"温饱生活需要"为主。

新中国成立后,人民群众的基本需要开始由对民族独立和人民解放的渴望转变为对温饱生活和基本文化生活的追求,这意味着在今后相当长的一段时间内,要不断调整和变革不适应生产力发展的生产关系,大力发展经济,以满足人民的基本温饱生活需要为主要任务。具体而言,在社会主义革命时期,当时国内的主要矛盾即无产阶级和资产阶级之间的矛盾决定了主要任务就是消灭资本主义私有制和一切剥削制度,对此,党和国家开始了一场前所未有的深刻的社会变革——三大改造。到1956年,随着国民经济的恢复和社会主义改造的完成,社会主义公有制在国民经济中占据主导地位,这标志着中国人民完成了社会主义革命,确立了社会主义制度。此后,党和国家所面临的最紧迫的根本任务就是在不断完善社会主义制度的基础上,大力发展生产力,为满足人民群众的基本物质生活需要、提高人民的生活水平而奋斗。

关于满足人民群众需要的问题,早在1934年1月27日,毛泽东在《关心群众生活,注意工作方法》的报告中就曾指出:"一切群众的实际生活问题,都是我们应当注意的问题。假如我们对这些问题注意了,解决了,满足了群众的需要,我们就真正成了群众生活的组织者,群众就会真正围绕在我们的周围,热烈地拥护我们。"①这一论断表明,只有人民群众的需要得到满足,党和国家的事业才会得到人民群众的拥护。由于社会主义革命完成后刚刚建立的社会主义物质基础还很不充分,因此,以毛泽东同志为主要代表的中国共产党人首先着眼于经济建设,根据陈云提出的"三个主体,三个补充"的思想开始调整经济关系,探索经济体制改革,其主要目的是逐步建立适合中国国情的工业化体系,最终目标是期望通过经济发展来满足人民的物质生活需要,提高人民的生活质量。为了更好地进行经济建设,毛泽东总结了我国经济建设的经验,并作了《论十大关系》的报告,报告前5条主要讨论的是如何从各个方面调动积极因素发展经济,后5条则论述了政治生活和思想文化如何发展的问题。就人民群众的具体需要而言,前5条主要是为了解决新中国成立之初人民群众的基本生活资料和生产资料匮乏的问题,当经济发展创造的物质财富能够一定程度上满足人民群众最基本的生存需要之后,"由于人类本性的发展规

①　《毛泽东选集》第1卷,人民出版社1991年版,第137页。

律……又会游离出、创造出新的需要"①,即人民群众对于文化发展的需要也会与日俱增。毛泽东正是认识到了这一点,才提出了后 5 条中一系列政治领域和思想文化领域建设的新方针,强调了推动科学文化事业发展以提高群众科学文化水平的重要性。

1956 年 9 月党的八大召开,这次会议正确分析了当时国内形势的变化,《中国共产党第八次全国代表大会关于政治报告的决议》指出:"我们国内的主要矛盾,已经是人民对于建立先进的工业国的要求同落后的农业国的现实之间的矛盾,已经是人民对于经济文化迅速发展的需要同当前经济文化不能满足人民需要的状况之间的矛盾。"②这一主要矛盾的转变表明社会主义改造完成后,人民最基本的物质生活需要得到一定程度的满足,人民对于经济发展的要求进一步提高,同时对于文化发展的需要也日益增长。面对主要矛盾的变化,党带领各族人民开始进行全面的大规模的社会主义建设,集中力量在新的生产关系下保护和发展生产力,努力实现社会主义工业化,致力于解决人民群众的实际需要同落后的生产力之间的矛盾。在全面建设社会主义时期,党和国家始终把满足人民的基本生活需要作为发展经济的根本目的。如:1956 年 11 月 13 日,毛泽东在中共八届二中全会小组长会议上的发言中,强调了在钱和材料等国家预算一定的情况下,既要保证重点建设,又要照顾人民生活需要。③ 尽管我国在全面建设社会主义时期的一些措施存在一些缺点和偏差,但是仍然取得了一系列较大成就,经济发展使得占世界四分之一人口的国家的人民基本物质生活需要初步得到满足,文化、教育、医疗、体育和科学技术事业的普遍发展使得人民在解决温饱问题之后,还能进一步追求其他层面需要的实现,人民生活水平有所提高。纵观社会主义革命和建设时期国内社会主要矛盾及人民群众需要的变化情况,尽管在社会主义建设时期,人民对于文化层面的需要也已崭露头角,但结合马克思需要理论中国化的当代实践,整体而言,这一时期人民的需要可以概括为"温饱生活需要"为主。

---

① 《马克思恩格斯全集》第 32 卷,人民出版社 1998 年版,第 223 页。
② 《建国以来重要文献选编》第 9 册,中央文献出版社 1994 年版,第 341 页。
③ 参见《毛泽东文集》第 7 卷,人民出版社 1999 年版,第 160 页。

根据马克思需要理论的主要内容,结合其在中国化过程中对中国具体实践所产生的影响,就主要矛盾的变化而言,社会主义革命和建设时期与新中国成立前主要矛盾的转变,实际上可以说是从"生存性需要"到"温饱生活需要"的转变。新中国成立前,党带领人民所从事的一切工作之根本目的都是追求独立的"生存性需要",当旧的矛盾即"生存性需要"得到解决后,新的矛盾即满足人民基本生活的"温饱生活需要"又出现了。所以,社会主义革命和建设时期,党和国家所做的一切工作,尤其是关于建设和发展现代化工业所制定的一系列路线、方针和政策都是为了首先满足人民群众最关心的基本"温饱生活需要",在此基础上去追求更高层次需要的满足。

二、改革开放和社会主义现代化建设新时期(1978—2012):"小康生活需要"

马克思在阐释人的需要的理论特征时,指出人的需要具有社会历史性,即在不同的历史时期人民群众的需要是不同的,会随着社会历史的发展而产生变化。1978年党的十一届三中全会在汲取以往经验教训的基础上,结合当时国内经济发展的实际情况,作出了实行改革开放的重要决定,开启了改革开放和社会主义现代化建设新时期。这一时期是基于社会主义革命和建设时期已经取得的建设成果和人民"温饱生活需要"满足的基础上,进一步追求社会主义现代化建设高水平的发展和人民高层次"小康生活需要"①的满足。

根据马克思需要理论所阐述的内容,人的需要是有层次的,而且这种层次性使得人的需要呈现出一种由低级到高级且不断上升的趋势,这一理论特质映射到马克思需要理论中国化的具体实践中,人民的"温饱生活需要"得到满足后,随着社会生产力的发展,人民将会去追求高层次的生活质量和精神文化

---

① 1979年12月,邓小平在会见日本首相大平正芳时指出中国式现代化是"小康之家";此后,党的十二大明确了分两步走到20世纪末实现小康的战略目标;1997年4月,邓小平在会见西班牙外宾时明确提出"三步走"的现代化战略,其中第二步是明确到20世纪末,使国民生产总值再增长一倍,人民生活达到小康水平;2012年党的十八大在党的十六大、十七大确立的全面建设小康社会目标的基础上,进一步明确了确保到2020年实现全面建成小康社会的宏伟目标。这里的"小康社会"蕴含着经济、政治、文化、社会和生态等全面协调发展。与此同时,这个阶段人民的生活需要也随着小康社会的建设而不断提高,在基本物质文化生活需要的基础上衍生出一系列其他层面的较高层次需要,综合这个时期的社会发展现状,在这里将其概括为"小康生活需要"。

需要,与此同时,高层次的多样性需要也随之产生。1981 年 6 月,党的十一届六中全会指出社会主要矛盾发生了变化,已经"是人民日益增长的物质文化需要同落后的社会生产之间的矛盾"①。这一主要矛盾的转变,意味着人民对物质文化有了高层次的要求,而能否满足人民需要受到当时社会发展水平的影响,归根结底取决于生产力的发展状况。因此,为了解决这一主要矛盾,党和国家把工作重心转移到经济建设上,从不断变革社会主义生产关系以适应生产力的发展入手,推动经济发展。

从生产关系维度来看,社会主义生产关系的变革和完善必须适应生产力的发展状况。我国是社会主义国家,实行生产资料公有制,新中国成立初期,建立了生产资料全民所有制与集体所有制两种公有制形式的社会主义基本经济制度,后来在"一五"计划(1953—1957)期间,又建立了高度集中的计划经济体制。虽然这种高度集中的经济体制比较单一,但是在当时选择这一经济体制符合新中国成立初期集中力量保证经济发展、社会稳定和满足人民群众的基本生活需要的现实。随着生产力的不断发展,到了改革开放和社会主义现代化建设新时期,高度集中的计划经济体制总体上不再适合生产力的发展。而"社会主义生产关系的发展并不存在一套固定的模式",要"在每一个阶段上创造出与之相适应和便于继续前进的生产关系的具体形式"。② 于是党和国家结合我国社会主义建设的实际情况逐步对生产关系作出调整,1992 年 10 月,党的十四大明确提出建立社会主义市场经济体制,在公有制基础上发挥市场调节的补充作用,自此我国进入社会主义市场经济发展阶段。历史发展证明,从计划经济到市场经济的转变,不仅极大地调动了人民的积极性和主动性,而且改变了计划经济时期供给商品单一性的问题,市场经济体制的改革释放出了巨大的经济活力,生产出了丰富多样、琳琅满目的商品,能够满足人民日益增长的物质文化需要。尤其对于人民的精神文化需要而言,当生产力从旧的生产关系的束缚中解放出来,社会发展的经济基础愈发雄厚,与此同时,

① 中共中央党史和文献研究院编:《全面建成小康社会重要文献选编》上,人民出版社、新华出版社 2022 年版,第 24 页。

② 中共中央党史和文献研究院编:《全面建成小康社会重要文献选编》上,人民出版社、新华出版社 2022 年版,第 25 页。

党和国家也认识到高度发展的精神文明对社会主义建设的重要性,提出"两手抓,两手都要硬"的方针,推动物质文明和精神文明建设相互促进、协调发展,最大限度地满足人民不断增长的物质文化需要。

从生产力维度来看,大力发展生产力是满足人类社会生活需要和全部历史发展的物质基础。进入改革开放和社会主义现代化建设新时期,社会主要矛盾的转化意味着对于当时中国这样一个生产力发展水平较为落后的国家而言,只有大力发展生产力推动经济发展,才能够为社会发展和人民多样性需要的满足提供物质前提与物质保障。20世纪80年代以来,我国逐渐认识到社会各领域的协调发展是实现建设小康社会的客观要求,于是在这一时期,党和国家围绕"如何更好地建设小康社会"制定了一系列的路线、方针和政策,也越来越重视科学技术和知识人才在社会主义现代化建设中的作用。而人作为社会生产力的主体,人民群众作为推动我国先进生产力发展的根本力量,在推动小康社会建设的进程中始终发挥着主导作用。其实所谓的"小康社会",并不单单指经济发展达到小康水平,其实质是人民物质生活质量的提高和精神文化生活需要的满足。因此,从生产力维度出发,解决人民的需要同社会生产之间的矛盾,就要基于改革开放和社会主义现代化建设刚刚起步的实际情况,从两个方面着手:其一,解放和发展生产力,从改革所有制结构入手,非公有制经济的发展使得所有制实现形式多样化,居民收入来源多样化,可支配收入不断增长,用于改善自身物质文化生活层面的投入逐渐增多;其二,生产力的发展反过来拓展改革开放的深度和广度,促进了生产工具、科学技术等生产力要素的不断革新,使得社会主义现代化建设进程中生产力的解放和发展向更深层次迈进。

概而言之,不管是从生产关系维度还是从生产力维度进行的改革和完善,最终目的都是促进生产力的发展,以满足人民的多样性需要。随着改革开放和社会主义现代化建设进程的深入推进,人的多样性需要"也如同产品和各种劳动技能一样"①逐渐被生产出来,如科技进步带来的人民对科学研究、医疗发展、教育进步等生活质量提高层面的需要;精神文明建设的发展带来的人

---

① 《马克思恩格斯全集》第30卷,人民出版社1995年版,第524页。

民对文化产品、文化传播及文化交流互鉴等文化事业和文化产业高水平发展的需要等。从当代中国人民需要的演变历程来看,中国共产党带领中国人民通过"站起来"满足了人民的"温饱生活需要",通过实行改革开放"富起来"满足了人民的"小康生活需要",并进一步追求"美好生活需要"的实现,而这也正体现了人的需要的层次性发展。

三、中国特色社会主义新时代(2012至今):"美好生活需要"

随着改革开放和社会主义现代化建设的深入推进,我国取得了一系列举世瞩目的伟大成就,社会生产力总体水平显著提高,实现了从生产力相对落后的状况到经济总量跃居世界第二的历史性巨变。同时,人民不仅对物质文化生活需要提出了更高要求,而且对其他层面的需要也越来越广泛。根据这些变化,习近平总书记在党的十九大报告中,明确提出中国特色社会主义进入新时代,我国社会主要矛盾发生了历史性变化,已经是"人民日益增长的美好生活需要和不平衡不充分的发展之间的矛盾"[1],这也就决定了新时代党和国家的主要任务是解决影响人民美好生活需要满足的制约性因素。马克思立足于唯物史观根基阐述的人的需要理论所蕴含的科学内涵及价值指向,为全面而又细致地解读新时代社会主要矛盾的转化、深入分析和科学解决社会主要矛盾提供了理论锁钥,为在新的时代条件下持续满足人民不断增长的"美好生活需要"提供方法论指导。

根据马克思需要理论阐述的主要内容,人的需要是在社会实践活动中产生和发展的,具有社会历史性和无限广泛性的理论特质,需要的实现和满足程度受到社会实践发展水平的影响。正是因为改革开放的深入推进,促进了我国社会生产力水平总体上获得了较大程度发展,一方面使得我国在一些行业和领域内的社会生产能力位列世界前茅,总体上满足了人民群众不断增长的物质文化需要,使得人民对生活消费品和服务产品的需要提出了更高质量的要求;但是另一方面,在一些区域和领域还存在着发展不平衡不充分的问题,进而导致无法满足人民全部享受和发展层面的需要。为此,党和国家强调和

---

① 习近平:《决胜全面建成小康社会　夺取新时代中国特色社会主义伟大胜利——在中国共产党第十九次全国代表大会上的报告》,人民出版社2017年版,第11页。

坚持"以人民为中心",并将其落实到具体的实践工作中,把人民对美好生活的向往作为奋斗目标,集中力量解决主要矛盾的主要方面,在发展不平衡不充分问题上下功夫。

结合新中国成立后社会生产力发展水平的变化,具体分析新时代社会主要矛盾的转化,其实无外乎两个方面:一是人民生产和生活需要资料供给层面的矛盾,二是人民生产和生活需要资料分配层面的矛盾。就需要资料供给层面的矛盾而言,人民的需要由新中国成立初期对供给数量的需要转变为对供给质量的需要,现阶段生产力的发展水平和发展的不平衡不充分无法满足人民在各领域的高质量需要。进入新时代,人民愈发关注高质量的物质生活需要、更民主的政治生活需要、高层次的精神文化需要、高水平的社会发展需要及更和谐的生态环境需要等,而这些"新需要"成为促进生产发展的驱动力。"在社会主义条件下,生产和需要是对立统一的,发展的不平衡不充分制约了主体需要的满足。"①而解决这一制约作用,究其根本还是要从生产端、从供给层面入手,因此党和国家根据我国现阶段社会主要矛盾的实际情况,作出了实行供给侧结构性改革的重大决定,以期从质量和效率层面为人民的生产、生活提供高质量的产品和服务,解决中高端有效供给不足的问题。对此,党的二十大报告把高质量发展作为全面建设社会主义现代化国家的首要任务提出来,针对一些科技创新等关键领域推动高质量发展还存在的"卡脖子"难题,国家通过"揭榜挂帅""赛马"等制度吸引人才解决科研难题,推动科技创新发展,进而满足社会主义现代化建设进程中人民对高科技产品的生产生活需要。就需要资料分配层面的矛盾而言,还存在着东部中部和西部、沿海和内陆、城市和农村等区域发展不平衡,经济、政治、文化、社会和生态等领域发展不平衡及各区域、各领域发展的质量、效率和效益不充分的问题,因此,为解决这些方面存在的问题,就要实现各区域、领域的合理分配及高质量发展。而人民需要的满足过程实质是以生产力发展为基础的动态过程,因此,要在生产力水平不断发展、提升的基础上,进一步促进其他领域和层面的发展。纵观当代中国在现代化进程中取得的生产力迅速发展的成就,可以看到在这个过程中,虽然人民的

①　郝立新:《辩证思维:新时代共产党人的基本功》,人民出版社2021年版,第86页。

物质文化需要得到了较大程度的满足,但是同时也导致了经济发展与生态保护失衡、个人利益与集体利益失调以及某些领域道德失范、拜金主义、享乐主义等问题爆发。所以,为了从根源上解决这些问题,满足人民对更高层次的享受需要和发展需要的向往,就要从生产力和生产关系的统一体即生产方式入手,形成绿色生产生活和发展方式,协调各区域、领域、群体、产业等生产资料和需要资料的合理分配,实现协调、充分发展。与此同时,在实现了物质富足的基础上,强化对人民的精神文明教育,旨在提升全体人民的科学文化素质,在社会主义社会现有基础上提升人民对生存需要和享受需要的获得感、满足感和幸福感,为将来在共产主义社会满足"人的自由全面发展"的需要奠定基础。

"美好生活需要"是一个内涵十分丰富的体系,涵盖着人的生产、生活及人的发展的方方面面,会随着时代变化和社会发展而不断充实和完善自身,这也就意味着在实践中满足人民不断增长的美好生活需要任重而道远。早在100多年前,恩格斯在《共产主义原理》一文中就阐述了生产力的发展与需要的满足之间的关系,他指出:"由社会全体成员组成的共同联合体来共同地和有计划地利用生产力;把生产发展到能够满足所有人的需要的规模"①。这表明,只有到了物质极其富有、精神境界极其丰富的共产主义社会才能够真正做到"按需分配",最终实现"每个人自由而全面的发展"。

---

① 《马克思恩格斯文集》第2卷,人民出版社2009年版,第689页。

第六章　马克思需要理论的价值意蕴

　　马克思需要理论作为一个内涵十分丰富的理论体系,内蕴着需要与人的本性、人的本质、社会生产及人的发展等多方面的内容,以科学性、系统性、全面性实现了对以往需要理论的超越,为之后各个时期需要理论的研究及需要问题的解决提供了科学的立场、观点和方法,同时也产生了不可低估的价值。本章试图从理论价值和实践价值两个层面探究和阐释马克思需要理论的价值意蕴,以期能够更清晰、全面地展现马克思需要理论的重大理论价值,凸显马克思需要理论在人类社会历史进程中发挥的重大作用。

第一节　马克思需要理论的理论价值

　　马克思需要理论的诞生不仅在马克思自身思想的发展和当时社会的发展历程中产生了重要影响,而且在今天的中国理论界也引起了诸多学者的关注,并产生了重要影响。当前,中国特色社会主义的发展需要科学理论提供破解实践难题的方法,而马克思需要理论正为我们在新时代重新理解和运用历史唯物主义、丰富与发展人性理论及科学认识和解决新时代社会主要矛盾提供了理论指导。

一、马克思需要理论是理解唯物史观的逻辑起点

　　马克思立足社会实践,从"现实的个人"出发,探寻人类社会的发展规律,

最终创立了"关于现实的人及其历史发展的科学"①,即唯物史观。马克思在创立唯物史观的过程中,十分重视"现实的个人"的需要,并将其作为理论的出发点和前提,揭示了人类社会发展的基本规律——生产力与生产关系及经济基础与上层建筑的矛盾运动。从根本上说,这一基本矛盾运动规律实际上包含着人的需要与现实世界的矛盾这一必要前提,正是因为人的需要的无限性与现实世界满足需要的相对性之间在历史发展进程中的矛盾,才推动了人类社会的发展,进而促进了人的自由全面发展。就此而言,人的需要作为唯物史观领域中的一个十分重要的基础性范畴,它与唯物史观的基本原理有着内在的联系,是马克思创立唯物史观的逻辑起点。由此可见,人的需要问题不仅关系着人的生存与发展,而且关乎着人类历史的发展,科学认识人的需要问题是开启理解全部社会历史的一把钥匙,这为我们当前研究和解决现实问题提供了理论依据和科学指引。

首先,对人的需要问题的研究必须置于一定的社会关系中。马克思指出,"真正的社会联系""是由于有了个人的需要和利己主义才出现的"②。需要是一个关系范畴,作为主客体之间的一种特定关系,它是在人们的相互关系中实现的,其本身就是社会关系的体现,也是人们结成一定社会关系的动因。马克思、恩格斯指出,人们在生产活动中由于需要而结成一定的社会关系,发生各种各样的社会交往和社会联系,也正是在这个过程中人的物质需要和精神需要得以满足,新的需要得以产生。在《形态》中,他们考察了"原初的历史的关系的四个因素、四个方面":其一,物质生活资料的生产;其二,为满足新的需要的再生产;其三,人类自身的生产;其四,生产的社会关系。③ 通过这一论断可以看到,唯物史观认为人们在现实生活中结成一定的社会关系是为了人的需要以及为满足人的需要而进行的物质生产劳动。对此,马克思、恩格斯指出:"人们之间一开始就有一种物质的联系。这种联系是由需要和生产方式决定的,它和人本身有同样长久的历史;这种联系不断采取新的形式,因而就

---

① 《马克思恩格斯全集》第21卷,人民出版社1965年版,第334页。
② 《马克思恩格斯全集》第42卷,人民出版社1979年版,第24页。
③ 参见《马克思恩格斯文集》第1卷,人民出版社2009年版,第531—533页。

表现为'历史'"①。由此可见,马克思、恩格斯认为社会历史发展的前提是从事生产实践活动的"现实的个人"的吃喝住穿等最基本的生存需要。他们还强调,需要不仅是物质生产与再生产的前提,也是形成生产活动与其他一切活动的内在动因。由于人的需要是一种内在的缺乏与期待的主观状态,其满足归根结底要以客观必然性为基础,所以在社会生活中,主体为了满足自身丰富多样的物质需要和精神需要,必须不断地改造对象世界,创造人化世界,创造出满足人类自身生存和发展所需的物质产品和精神产品。

简单来说,需要作为人的本性,不仅其自身是发展着的,它还驱动着人的发展,通过规定人的活动的目的,调节人的活动方式,制约着人的发展,而且需要的满足和发展又在不断地丰富着人的本质,提升人的能力。所以,在当代研究人的需要问题,要将其置于人们为满足自身需要而进行的物质生产活动和交换活动中,不仅将人的需要与满足需要的手段、方式和活动等联系起来,还要与劳动、分工、社会关系、历史发展等联系起来,赋予需要理论体系更加丰富的内容。

其次,研究人的需要必须从物质需要出发。物质需要范畴在马克思唯物史观的形成过程中起到了十分重要的作用,从某种意义上说,唯物史观的形成是在用人们的物质需要变化而不是思想的变化发展来说明社会历史变化发展的结果。马克思、恩格斯在《形态》中指出:"人们为了能够'创造历史',必须能够生活。但是为了生活,首先就需要吃喝住穿以及其他一些东西。"②恩格斯在《费尔巴哈论》中指出:"旧唯物主义在历史领域内自己背叛了自己,因为它认为在历史领域中起作用的精神的动力是最终原因,而不去研究隐藏在这些动力后面的是什么,这些动力的动力是什么。不彻底的地方并不在于承认精神的动力,而在于不从这些动力进一步追溯到它的动因"③,在这里"动力的动力"指的是人的物质需要。通过这些论断可以看到,马克思、恩格斯高度评价了物质需要在推动社会历史进程中所起的作用,同时他们也强调了人的物

---

① 《马克思恩格斯文集》第 1 卷,人民出版社 2009 年版,第 533 页。
② 《马克思恩格斯文集》第 1 卷,人民出版社 2009 年版,第 531 页。
③ 《马克思恩格斯文集》第 4 卷,人民出版社 2009 年版,第 303 页。

质需要不是人类社会历史发展的决定性环节。因此,不能只局限于人的物质需要探究社会历史的发展。后来,马克思在阐释自己的政治经济学说时又进一步说明了人的需要(或消费)与社会物质生产的关系,明确指出决定社会历史发展的因素是物质生产,并科学论证了生产力是决定社会发展的最终原因,人的需要的无限性构成了生产力不断发展的永恒动力。马克思正是通过人有物质需要这一客观事实,通过考察人类社会的物质生产及其方式,最终在历史观领域内建立起了科学的唯物史观体系。

如前所述,唯物史观是以人的需要为前提和基础展开的,其逻辑起点可以归纳为"现实的个人"的需要与生产劳动。因此,加强对马克思需要理论的深入研究,有利于更全面地理解马克思创立的唯物史观。在这个飞速发展的科技时代,人的需要表现出更为丰富的内容和特点,面对当前更加复杂的国内外环境,在马克思需要理论的科学指引下,在现实社会生活中满足人们真正的、合理的需要,不断促进人的全面发展,这对于在新的时代条件下与时俱进地理解唯物史观具有深远意义。

二、马克思需要理论是对人性理论的进一步丰富与发展

人性是一个系统概念,是指人成为人而与动物相区别的一切人所普遍具有的各种属性的总和,主要包括自然属性、社会属性和精神属性。① "人的需要的概念是马克思人性理论中的基本概念。"②马克思认为,需要是人的本性,它是人追求自己对象的本质力量,是人性的内在规定,是人从事一切活动的内在驱动力,是具体的和历史的,具有无限发展性。而人性作为一个历史范畴,它是随着社会实践的发展而不断变化发展的,人的需要的无限发展性进一步丰富和发展了人性理论。鉴于目前国内外形势正在发生的复杂变化,密切结合时代发展的新形势,全面细致地研究马克思需要理论,进一步把理论和实践、继承和发展结合起来,在理论层面,有利于不断丰富马克思人性理论宝库,在实践层面,有利于用历史的、全面的、联系的、发展的观点去辩证地看待和研究当前社会存在的人性问题。

---

① 参见陈志尚、张维祥:《关于人的需要的几个问题》,《人文杂志》1998 年第 1 期。

② [美]乔恩·埃尔斯特:《理解马克思》,何怀远等译,中国人民大学出版社 2008 年版,第63 页。

马克思关于人性理论的认识是随着其思想的成熟而不断发展的,经历了一个由抽象人性论向具体人性论的转变过程。1845 年春,马克思在《提纲》中对费尔巴哈的人性论进行了彻底的批判,同抽象人性论划清了界限,对自己过去不成熟的错误思想进行了清算。自此,马克思从对抽象的人的崇拜转向了对现实的人及其历史发展的科学的考察与研究。1847 年,马克思在批判蒲鲁东的哲学思想时指出:"蒲鲁东先生不知道,整个历史也无非是人类本性的不断改变而已"①。这一论述表明了马克思已经认识到人的本性是一个历史范畴,会随着社会历史的发展而不断变化,而且历史发展的事实证明人性的变化是不断向人的体力和智力全面发展的,即随着社会历史发展而变化的人性都会有更高的价值产生。事实上,马克思已经认识到了生产对人性的影响,随着生产力的不断发展,人的需要作为人性中的一个因素也在不断发生新的变化,被赋予了新的时代内涵,正是在现实需要的满足与新需要产生的循环过程中,人类社会才不断向前发展。

当代社会人的需要与马克思所处的时代人的需要相比更加复杂多样,究竟何为符合人性的需要呢? 其实,早在《形态》中,马克思、恩格斯就对人的需要理论做了极其精细和深入的研究,提出"需要即人的本性",这一科学论断说明他们对人的本性的认识是越来越深刻的。前文提到,人的本性的需要就是人与动物相区别的属性,但事实上,马克思并不是把只有在人类中存在而在动物中不存在的需要看作人性的需要。在马克思看来,所谓符合人性的需要,就是指人为了谋取自身的生存和发展以及发挥人的本质力量所必不可少的那些需要。随着马克思对人的需要本性的深入认识,在《资本论》中,他批判了边沁将"效用原则"作为分析人性理论的根据,指出:"想根据效用原则来评价人的一切行为、运动和关系等等,就首先要研究人的一般本性,然后要研究在每个时代历史地发生了变化的人的本性"②。在这里,马克思把人性分为一般本性与具体人性,他认为每个个体的需要都是历史的、具体的。虽然人性在个体身上的具体表现是不同的,但是无论具体表现存在着多大的差异,最后都可

---

① 《马克思恩格斯文集》第 1 卷,人民出版社 2009 年版,第 632 页。

② 《马克思恩格斯文集》第 5 卷,人民出版社 2009 年版,第 704 页注(63)。

以将其归纳为人的需要,解决了人性的具体与统一的问题。马克思在一个多世纪以前对人性作出的这一论断,如今已被越来越多的历史事实所证实,为解决当代人的需要问题提供了指南。

100多年以前,在资产阶级人性论盛行时期,马克思通过对社会生活的深入分析,形成了对人的需要的正确认识,提出了科学的人性理论,这是人类正确认识自身的一个极其光辉的阶段。这一科学理论的确立,不仅在当时对马克思自身理论的发展起到了重要作用,为无产阶级在实践中取得胜利驱散了阴霾,而且由于这一理论具有丰富性、开放性和包容性的特点,其内容也在与时俱进地发生着变化。今天,当我们奋斗在社会主义现代化强国建设的征程中时,更需要继承和发扬马克思的理论遗产,重新审视马克思人性理论尤其是马克思需要理论的价值,运用其分析当前现实社会问题,沿着马克思需要理论指引的正确道路前进。

三、马克思需要理论是科学认识新时代社会主要矛盾的理论基点

当前我国社会的主要矛盾是"人民日益增长的美好生活需要和不平衡不充分的发展之间的矛盾"①,它内蕴着人们的需要与社会生产之间的矛盾。而马克思需要理论主张人的需要具有社会历史性和无限广泛性,即随着社会生产的发展,人的需要也在不断变化发展。因此,重新梳理马克思需要理论,全面了解马克思对人的需要的科学阐释,为我们当前理解新时代中国社会主要矛盾发生转化提供了重要思路,同时,这也是我们科学认识新时代社会主要矛盾的理论基点。

第一,基于马克思需要理论视角正确认识社会主要矛盾中人民的美好生活需要。满足人民的美好生活需要已经成为新时代党和国家工作的重要任务,因此,科学认识新时代我国社会的主要矛盾,首先必须了解人民的美好生活需要。

一方面,正确认识社会主要矛盾中关于需要表述的变化。新时代社会主要矛盾的变化实际上体现出的是人民群众需要的变化,这也正体现出马克思

---

① 习近平:《决胜全面建成小康社会　夺取新时代中国特色社会主义伟大胜利——在中国共产党第十九次全国代表大会上的报告》,人民出版社2017年版,第11页。

需要理论所主张的人的需要具有社会历史性特征,即随着社会历史的发展,新的需要也在实践中不断生成。通过对党的十一届六中全会上提出的社会主要矛盾与新时代社会主要矛盾进行对比可以发现,关于社会主要矛盾的这两种提法都是对目标追求与现实状况之间存在差距的诠释,都包含着人民群众的需要,只是这两个时期对需要的表达有所差异。由"物质文化需要"转向"美好生活需要"体现的是社会生产力的发展,人民群众的需要也呈现出丰富发展的趋势,不再是仅停留在物质需要和精神需要层面,而是追求更高层次、更多元化发展的需要。马克思认为需要是一个动态的历史范畴,其所内蕴的具体内涵在不同历史条件和社会背景下是不同的。基于此,我们认识到人的需要始终处于一种不断变化发展的状态,也正因为人的需要发生了变化,所以社会主要矛盾发生了变化。

另一方面,深刻理解社会主要矛盾中美好生活需要的基本内涵。马克思需要理论为我们今天深刻认识社会主要矛盾中美好生活需要的内涵提供了理论基础。其一,马克思需要理论强调人的需要具有客观物质性。这启示我们理解美好生活需要必须立足我国社会的实际情况,美好生活需要的提出与我国当前社会生产力发展的实际相适应,是我们在社会主义现代化进程中可以满足的需要。其二,马克思需要理论强调人的需要具有社会历史性和无限广泛性。这说明需要会随着社会的发展而发生变化。因此,当前人民的美好生活需要也只是新时代这一阶段人民的需要,并不是人的终极需要。其三,马克思需要理论主张人的需要是一个内容丰富的理论体系。通过全面把握新时代人民的美好生活需要可以看到,新时代人民的美好生活需要体现在经济、政治、文化、社会和生态等诸多方面。即新时代人民的美好生活需要更具丰富性与理想性,人民群众也越来越追求高品质的生活质量。

第二,基于马克思需要理论视角客观分析社会主要矛盾中需要同社会生产之间的矛盾。当前社会主要矛盾中不平衡的发展主要是指区域和领域发展不平衡,不充分的发展主要是指质量和效益等方面的发展不充分,即社会发展的整体程度与人民的美好生活需要不匹配。由此可见,社会主要矛盾实际上是人民群众的需要与社会生产之间的矛盾。一方面,社会生产决定了需要的满足程度。当前随着社会各方面的迅速发展,人民群众的需要也得到了较大程度的满足,在旧的需要得到满足后,新的需要又随着生产实践的发展而产生,如此循环往复,使得人民的需要层次更加丰富、结构更加立体。另一方面,需要是社会生产的动力。人民群众不断增长的需要对社会生产的发展具有引领作用,如20世纪互联网技术的诞生与发展使得人们形成了使用网络的需要,进入21世纪,互联网技术的发展催生了一大批行业,进一步促进了社会生产的发展。因此,我们必须客观认识和分析人民群众的需要与社会生产发展之间的矛盾,明晰二者始终处于一种持续性的矛盾运动之中,只有科学认识二者的关系,才能够更好地满足人民不断增长的美好生活需要。

时代是思想之母,实践是理论之源。我国社会发展的历史和现实证明,只有科学、全面地认识当前社会的主要矛盾,基于我国经济及其他各方面发展的现实情况,制定出适应生产力发展的各项方针和政策,才能引领我国经济社会各方面的发展不断取得新成就。中国特色社会主义进入新时代是我国社会主要矛盾转化的必然结果,当前中国正经历我国历史上最为广泛而深刻的社会变革,马克思需要理论启示我们,党和国家应根据人民群众的现实需要及时调整工作的方向和内容,以更好地满足人民群众的美好生活需要。

第二节　马克思需要理论的实践价值

马克思需要理论作为科学的人学理论大厦的重要基石,其不仅在当时社会发展过程中产生了极大影响,而且对后世人学理论研究和实践运用也带来了一定的启发。特别是马克思需要理论在中国化的过程中体现出了重要的科学价值和实践向度,同时也展现出了当前我们再次研究和探讨马克思需要理论的必要性和重要性。党的十九大报告指出,进入新时代,中国社会主要矛盾发生转化,这表明人民美好生活需要日益广泛,涵盖着经济、政治、文化、社会、生态等多方面的内容。基于新时代中国社会各方面的发展需要,探寻马克思需要理论在当代中国的运用价值,是时代发展赋予我们的新课题,具有重大而深远的价值意蕴。

一、实现经济的高质量发展,改善人民的物质生活需要

根据马克思对人的需要问题的论述,物质需要是人最基本的需要,只有物质需要得到满足,才能够进一步满足人的精神需要及自由全面发展的需要。进入新时代,我国社会主要矛盾发生了变化,党和国家愈发关注人民需要的满足情况,中国共产党基于实践发展的需要提出了"以人民为中心"的发展思想,党始终把人民对美好生活的向往作为自己的奋斗目标。要满足人民愈益多样化、高层次的需要,首先必须具有极其丰富的物质基础。改革开放以来,生产力迅速发展,人民的物质生活水平得到了极大改善。党的十八大以来,我国的经济发展取得了诸多历史性成就,"我国经济已由高速增长阶段转向高质量发展阶段"①,这表明新时代以来我国在经济发展的质量、效益、动力等方面与之前相比都得到了极大提高。从当前我国经济发展的实际情况看,生产力和生产技术的提高创造出了大量的物质财富。由于我国幅员广阔、人口众多,这些物质财富虽然能够满足人民基本的物质需要,但是仍然存在着发展不平衡不充分的问题,还不能够满足覆盖所有人的高层次的享受需要和发展需要。这就要求我国要努力实现经济的高质量发展,为满足人们较高层次的物质需要,必须做到:坚持习近平经济思想,深化供给侧结构性改革,完善现代化制度体系,从而夯实美好生活的物质基础。

首先,坚持习近平经济思想。第一,坚持党对经济工作的领导,以确保经济工作的正确发展方向及其高质高效开展。第二,坚持以人民为中心的发展思想。我国的国体和政体决定了一切工作的开展都必须做到以人民为中心,从解决人民群众普遍关心的问题入手,推进社会主义现代化建设。第三,坚持适应把握引领经济发展新常态。新常态是综合分析世界经济长周期和我国发展阶段性特征及其相互作用作出的重大战略判断,面对这一经济形势,我们必须立足实际,贯彻新发展理念,推动我国经济实现新的发展。第四,坚持市场在资源配置中起决定性作用,更好发挥政府作用,妥善处理好政府与市场的关系,推动有效市场和有为政府更好结合。第五,坚持适应我国经济发展主要矛

---

① 习近平:《决胜全面建成小康社会 夺取新时代中国特色社会主义伟大胜利——在中国共产党第十九次全国代表大会上的报告》,人民出版社 2017 年版,第 30 页。

盾的变化。现阶段我国经济发展存在着供给结构不能适应需求结构变化的问题,需要政府及时调整宏观调控思路。第六,坚持问题导向。党和国家要从现阶段我国经济发展的实情出发,从现实存在的矛盾出发,找准问题的本质,制定合理的发展战略。第七,坚持正确工作策略和方法。做好经济工作,离不开正确的策略和方法,要稳中求进,合理把握宏观政策的度,从而推动我国经济行稳致远。七个"坚持"反映出党和国家现阶段特别重视经济的高质量发展,推动经济的高质量发展能够逐步解决区域和领域发展不平衡及质量、效益发展不充分的问题,促使社会各领域及生产力水平的全面提升,奠定坚实的物质基础,让人民的物质生活更加充裕,从而满足人民更高品质的生活需要。

其次,深化供给侧结构性改革。当前社会主要矛盾发生变化,昭示着人民对美好生活的追求已经由对量的追求转为对质的追求。虽然社会主要矛盾的内涵发生了变化,但是其内部的实质结构没有变,仍然是"需要"和"满足需要"的关系,具体而言,是"需求"和"供给"的根本结构没有变。虽然当前我国社会各领域都取得了前所未有的发展成果,但是在一些领域尤其是高科技领域生产的产品仍然不能够完全满足人民多样化的、高品质的需要,这表明我国在高端供给层面出现了短缺,主要表现在高新技术产业的生产不足,国内供需矛盾显现。因此,解决当前我国经济发展面临的低端供给问题,就要从供给侧结构性改革入手。对此,一方面,要制定合理的政策改革框架。把经济发展的着力点放在实体经济上,科学把握市场行为和政府作用的关系,用改革的办法推进结构调整,把提高供给质量作为主攻方向,在供需平衡层面,努力实现由低水平向高水平的飞跃。另一方面,要加快形成以创新为主要引领的经济体系。具体而言,就是要实施创新驱动发展战略,激发科技作为第一生产力蕴藏的巨大潜能;深化要素市场化配置改革;加大人才培育力度;激发各类市场主体活力,加快建设世界一流企业;优化市场供求结构。

最后,完善现代化经济体系。当前我国经济发展面临着全新的内外部环境,经济运行的不确定性增加,对此,完善现代化经济体系要围绕新发展理念从以下几个方面着手:第一,就产业体系层面而言,要坚持创新和协调发展,把大力发展实体经济与科技创新相结合,为现代化经济体系奠定坚实基础;第二,就市场体系层面而言,要满足我国市场经济健康持续发展的需要,必须着力构建统一开放、竞争有序的市场体系;第三,就分配体系层面而言,要时刻秉持共享发展理念,建立合理的收入分配体系;第四,就区域发展体系层面而言,要坚持协调发展理念,实现区域协调发展和良性互动;第五,就绿色发展体系而言,要努力实现人与自然的和谐共生;第六,就对外开放层面而言,要建设安全高效的全面开放体系,充分利用国内国际两个市场促进内外需协调发展,这是践行开放理念的必然要求。总之,完善现代化制度体系,能够为经济高质量发展提供制度保障。

综而观之,马克思需要理论为分析和解决当前我国经济发展面临的困境提供了根本视角与科学的方法论指导,要满足新时代人民的美好生活需要,就必须深化对马克思需要理论的研究与分析,建设现代化经济体系,实现经济高质量发展,以满足新时代人民对较高品质产品的需要。

二、发展社会主义民主政治,保障人民参与政治生活的需要

马克思在关于人的需要理论的研究中,批判了资本主义制度对人的奴役,认为只有人的合理的物质需要得到满足,人的精神世界才能够进一步得到丰富,人才能够有机会实现自由全面的发展。在对共产主义社会的向往和描绘中,马克思指出人理应是自由平等的,每个人都应该平等地享有权利。"人是最名副其实的政治动物,不仅是一种合群的动物,而且是只有在社会中才能独立的动物。"①这一论断说明,只要是社会中的人就必然是政治上的人。也就是说,人的生存和发展离不开政治生活,政治是人内在的需要和本质的内化,同时又是人的本质的外化,即政治是人自我需要和自我实现的手段,它是为人服务的,而不是人为政治服务。基于此,可以得出结论,政治文明追求的最高目标不是政治权力,而是人的全面发展。列宁也说:"政治应该是人民的事"②,即社会主义政治实质上是最广大人民的政治。当前,随着人民对美好生活需要的逐步增加,人民参与政治生活的热情也日益高涨。因此,发展社会主义民主政治,依靠制度、法律来保障人民平等地参与政治生活的民主权利,就成为当前满足人民政治生活需要亟待解决的重要问题。

---

① 《马克思恩格斯文集》第 8 卷,人民出版社 2009 年版,第 6 页。
② 《列宁全集》第 39 卷,人民出版社 2017 年版,第 448 页。

第一，坚持走中国特色社会主义政治发展道路。历史和实践证明，中国特色社会主义政治发展道路是符合我国国情的道路，是亿万中国人民共同奋斗的正确道路，坚持走这一道路，必须做到：首先，坚持党的领导、人民当家作主、依法治国有机统一，以确保人民能够平等有序地参与政治生活。其次，必须坚持正确的政治方向，在涉及道路、理论、制度等根本层面的问题上，必须坚定制度自信。最后，必须积极推进政治体制改革，发展更加广泛、充分的人民民主。

第二，健全人民当家作主的制度体系，目的是保障人民最基本的民主权利，满足人民参与政治生活的需要。习近平总书记指出："保证和支持人民当家作主不是一句口号、不是一句空话，必须落实到国家政治生活和社会生活之中"①。因此，建设社会主义政治文明，保证人民当家作主，满足人民政治生活的需要必须从制度层面着手，用制度体系来保证人民当家作主。具体来说，一是要支持人民通过人民代表大会行使国家权力。二是要健全中国特色协商民主制度，完善协商民主工作机制，不断拓宽民主的深度和广度，以扩大公民有序政治参与。三是要坚持和完善中国共产党领导的多党合作和政治协商制度，发挥人民政协作为协商民主的重要渠道和专门协商机构作用，积极推进人民参政议政制度建设。四是完善基层民主制度，充分发挥群众自治的作用。总之，用制度保障人民群众充分享有切实的民主权利。

第三，发展社会主义民主法治，建设高度的政治文明。一方面，立足我国的基本国情，走中国特色社会主义法治道路，这就要求我们要始终坚持党的领导，坚持人民在全面依法治国中的主体地位，用法治保障人民平等参与国家政治生活的权利。另一方面，坚持党的领导核心作用。历史和人民选择了党，要旗帜鲜明地坚持党的领导绝不动摇，不断改进党的领导方式和执政方式，确保党领导人民科学有效治理国家。新时代，人民在政治上的需要内在要求高扬人的政治主体性，以人民为中心、坚持人民主体性是新时代一直贯穿的主旋律。因此，要依据当前我国的基本国情和民主法治建设推进过程中出现的新问题、新情况，逐步在实践中完善我国的民主法治建设，用法律促使广大人民

---

① 习近平：《在庆祝中国人民政治协商会议成立 65 周年大会上的讲话》，人民出版社 2014 年版，第 12 页。

群众的自由和权利的保障状况不断得到改善,不断满足人民日益增长的政治生活需要。

马克思说过:"一切人,或至少是一个国家的一切公民,或一个社会的一切成员,都应当有平等的政治地位和社会地位"①。这一论断是马克思在批判以往社会尤其是资本主义社会的阶级剥削与压迫的基础上提出来的。对此,他认为资本主义社会所谓的平等只是表面上的虚假平等,而社会主义社会所要实现的平等是在实际意义上的各个领域内的平等。综上所述,政治权利是社会成员基本的政治需要与社会需要,新时代不断促进社会主义民主政治的发展,努力实现政治领域的权利平等,满足人民不断增长的政治生活需要,是早日实现人民对美好生活需要的重要政治保障。

三、推动社会主义文化繁荣发展,提升人民的精神文化需要

通过对马克思需要理论的考察与分析,我们可以看到,生活在现实社会生活中的人是有完整需要的人,不仅有物质需要,还有精神需要,即"现实的个人"是集物质需要与精神需要于一身的统一体。根据前文的论述可知,物质需要与精神需要二者相互联系,密不可分,物质需要是人最基本的需要,精神需要是人的高层次需要,只有物质需要得到一定程度的满足,精神需要才会产生。值得注意的是,精神需要与精神不同,它不是一种主观的随意想象。精神需要是指人们对精神生活及其产品的需要,具体来说,是指对认知、理想、审美、情感、信仰等的需要。精神需要通过一定的物质手段才能得到满足,也就是说,它在本质上是一种客观存在着的社会需要。马克思还指出,实现人的自由全面发展不仅是指物质需要的极大满足,而且还有一个十分重要的方面就是人的精神需要的满足及精神世界的丰富与发展。当前,人民的基本物质需要得到了满足,精神需要的范围、广度和层次也在不断扩大、深化和提升,这主要表现在两个方面:其一,基于时代进步而产生的科学文化知识的需要不断增长;其二,因精神世界匮乏,高水平的精神需要得不到满足而引起的对各种高品质的文化产品和服务的需要。对此,在新时代,要深入推进社会主义核心价值观建设,以培育文化自信为核心,全面推动中国特色社会主义文化繁荣发

---

① 《马克思恩格斯文集》第9卷,人民出版社2009年版,第109页。

展,满足人民群众的精神文化需要。

第一,广泛培育和自觉践行社会主义核心价值观。社会主义核心价值观把国家、社会、公民三个层面的价值要求融为一体,是全体社会成员的共同价值准则,在全社会范围内有着巨大的引领作用。首先,要推进社会主义核心价值观大众化建设,以润物细无声的方式将其融入家庭、学校和社会生活的各个方面。具体来说,就是要使社会主义核心价值观成为每个个体日常行为的基本遵循,在潜移默化中提升个体的思想道德修养,从而规范个体的行为;要将社会主义核心价值观融入各类精神文明创建的活动中,加大宣传和弘扬的力度,培育文明新风尚;还要高度重视家风建设、学校教育,引导青少年树立正确的世界观、人生观和价值观。其次,要发展社会主义先进文化,继承和弘扬中华优秀传统文化和革命文化。发展社会主义先进文化,不断推进社会主义精神文明建设,使文化的发展符合先进生产力的发展要求,使精神文明与物质文明协调发展。中华优秀传统文化蕴含着丰富的思想道德资源,是涵养社会主义核心价值观的重要源泉,革命文化中渗透着中国共产党人的崇高理想,对此,我们必须大力弘扬。最后,发扬伟大的民族精神,有利于推动人民对美好而充盈的精神生活向往的实现。

第二,坚定文化自信,繁荣发展社会主义文化。进入新时代,社会主要矛盾的变化表征着人民对美好生活的要求越来越高,人民对美好生活的向往,不仅仅在于对丰裕物质生活的需要,更重要的是精神生活的充盈。这迫切要求推动社会主义文化繁荣发展,促进满足人民精神文化需要和增强人民精神力量相统一,推进社会主义文化强国建设。对此,首先,需要培养高度的文化自信。当前人民群众对文化产品的需要快速增长,面对这一现状,我们要不断增强文化自信自觉,基于我国文化发展的实际情况,有针对性地采取不同措施以促进文化生产力的发展,增强文化软实力。其次,加强文化公共基础设施建设。当前人民日益增长的精神文化层面的需要与不同地区文化发展之间存在着差异和不均衡的矛盾。为了解决这一矛盾,要加强农村等一些偏远地区和欠发达地区文化公共基础设施的建设,创新实施文化惠民工程,让人民群众普遍享有精神文化产品。最后,大力发展文化事业和文化产业。政府应采取多方面的措施发展文化事业,全面保障人民群众基本精神文化需要得到满足,提升人民群众的整体文化素养。发展文化产业是为了满足人民群众更广泛多样的精神需要。为了推动社会主义物质文明和精神文明协调发展,要逐步健全现代文化产业体系,推动文化产业大发展大繁荣,以向人民群众提供更优质的文化产品供给,满足人民丰富多样的精神文化需要。

建设社会主义现代化强国,实现中华民族伟大复兴,迫切要求我国由一个文化大国发展为一个文化强国,这是中华民族几千年文化积淀赋予我们的历史重任。因此,在新时代,我们必须以更大的力度、更强的措施,推动我国社会主义文化繁荣发展,以满足人民不断增长的精神文化需要,促使中国人民以崭新的姿态向世界展示中华文化的魅力。

四、提高保障和改善民生水平,满足人民对和谐社会的需要

民生是人民幸福之基、社会和谐之本。新时代,在实现经济高质量发展的基础上,不断提高和改善民生水平,满足人民群众对和谐社会环境和条件的需要。这就要求我们在推动构建和谐社会的进程中,一切工作都必须始终坚持以人民为中心,调动社会各方面力量,努力构建公平正义、和谐稳定的社会环境,以满足人民群众对和谐社会的更高层次需要。

第一,坚持以人民为中心的发展思想,在发展中保障和改善民生。唯物史观强调人民群众是历史的创造者,历史和现实也都证明,坚持以人民为中心的发展思想是从事一切工作的制胜法宝。习近平总书记指出:"以人民为中心的发展思想,不是一个抽象的、玄奥的概念,不能只停留在口头上、止步于思想环节,而要体现在经济社会发展各个环节。"①这要求我们贯彻这一思想必须从以下两个方面着手:首先,要始终坚持人民的主体地位。要用制度保证人民当家作主,保证人民能够积极广泛地参与国家治理和社会治理,从而在实践过程中真正为人民群众办实事、解难事,保障好最广大人民的根本利益。其次,加强以民生为重点的社会建设。群众利益无小事,民生问题大于天。所谓民生问题,主要是指与人民群众的实际生活密切相关的衣食住行、教育、医疗、就业、社会保障等最直接、最现实的生活需要层面存在的问题。当前我国民生问题面临的宏观环境和内在条件都发生了巨大变化,人民不再像过去一样只追

---

① 《习近平谈治国理政》第 2 卷,外文出版社 2017 年版,第 213—214 页。

求有饭吃、有衣穿、有房住等最基本的温饱和安全问题的需要,而是对优质医疗、教育公平、住房改善、就业充分、环境优美等提出了更高水平的要求。所以,要在经济社会发展过程中不断提高保障和改善民生水平,以满足新时代人民日益增长的和谐社会需要。

具体来说:一是建设高质量教育体系。深化教育改革,加大对农村教育发展的支持力度,努力推进教育公平;完善职业教育和培训体系;加强普通高等教育的学科建设,满足新时代人民对教育的高层次需要。二是提高就业质量。就业是最大的民生工程,当前我国社会普遍存在着结构性就业矛盾,对此要积极开展职业技能培训,实行就业优先战略和积极就业政策,鼓励自主创业,努力实现更高质量、更加充分的就业,满足人民的就业需要。三是优化收入分配结构。收入是人民满足自身各类需要之源,是改善和满足人民群众生存条件和发展需要的最直接方式。因此,要着力保护和提高劳动报酬,逐步完善和细化分配与再分配调节体系,最大程度减少收入分配差距,更加积极地促进共同富裕。四是健全多层次社会保障体系。社会保障体系是民生安全之网,它能够保障人民的基本生活需要。因此,要全面建成涉及养老、医疗、失业等民生层面全面覆盖的保险制度,提高社会保障全民覆盖的质量。同时,提升社会提供公共产品和服务的能力,以满足新时代人民对高水平社会保障的需要。五是全面推进健康中国建设。要把保障人民健康放在首位,着力构建强大的公共卫生体系,深化医药卫生体制改革,健全全民医保制度,推动中医药传承创新,建设体育强国,完善国民健康政策。

第二,构建公平正义、和谐稳定的社会环境,加强和创新社会治理,形成良好的社会秩序。新时代以来,我国社会整体发展愈加安全稳定,人民群众对整体社会发展的满意度不断增强。但是,与此同时,经济社会发生的巨大变革、人民日益增长的美好生活需要、人民对自身个性发展和价值追求的重视、网络社会的大规模兴起等新的变化对社会治理提出了诸多新问题和新挑战。这表明当前社会阶层格局和利益结构日趋复杂化,新的社会矛盾和问题交织叠加,同时也反映出人民群众参与社会公共事务的意愿更加强烈。

面对我国社会治理形势发生的新变化以及更加严峻复杂的风险和挑战,一方面,要坚持公平正义是构建和谐社会的主要内容和基本条件。我们要坚持以习近平新时代中国特色社会主义思想为指导,促进公平正义的发展,营造和谐稳定的社会环境,以保障社会各阶层人民都能够平等享有权利,为人民共享发展成果创造社会条件。另一方面,要在实践中加强和创新社会治理。择其要者,一是创新社会治理体制。加强社会治理制度建设,完善社会治理体系。同时,注重动员各种社会力量参与社会治理,激发社会组织活力,真正实现社会共建共治共享,不断满足人民日益增长的美好生活需要。二是完善正确处理新形势下人民内部矛盾的有效机制。维护人民群众的利益是正确处理新形势下人民内部矛盾的根本目的,对此,要建立科学有效的群众诉求表达机制,确保群众诉求能够得到及时有效的回应与解决,努力将矛盾化解在基层。三是积极回应人民的新期待。对于与人民群众美好生活密切相关的安全问题,要举全力完善社会治安防控体系,在全社会范围内形成有效的社会治理、良好的社会规范和秩序,调节社会各阶层之间的需要,充分满足人民群众的合理需要。当一个社会中大多数人的需要得不到满足或者人的需要的满足存在着巨大差异时,这个社会就会充满矛盾甚至会发生暴乱,这样的社会是不可能实现和谐发展的。四是构建基层社会治理新格局。健全党组织领导的城乡基层治理体系,积极引导社会力量参与基层治理,打造人人有责、人人参与、人人享有的社会治理共同体。五是营造风清气正的网络空间。健全网络综合治理体系,加快网络立法进程,依法加强网络空间治理,规范网络秩序,构建符合人民利益的、生态良好的网络空间。

构建和谐社会,建设美好家园,是人类一直追求的社会理想。中国共产党人始终把人民对美好生活的向往作为自己的奋斗目标,在全面了解和掌握人民所需的基础上,解决与人民群众利益切实相关的问题,真正把坚持以人民为中心落到实处,在发展中保障和改善民生,满足了人民对和谐社会的需要。

五、加强生态文明建设,实现人民对美好生态环境的需要

人的需要具有无限性,而自然资源具有有限性,二者之间的矛盾是现实存在的,如果处理不当,就会引发一系列的问题。改革开放以来,我国经济发展增长迅速,与此同时,各类自然资源消耗量急剧上升,给生态环境带来了极大的压力。随着工业化的深入发展,资源环境对经济社会的发展和人类生存的

制约作用日益明显。进入 21 世纪,生态问题不再是某个国家的问题,已经发展成为全球性问题,资源短缺、环境污染、生态失衡等一系列生态环境问题已经严重威胁到人类的生存,这促使我们反思传统的自然观、消费观和发展观,重新审视人与自然的关系,反思人类的生存与发展方式。当前我国的生态环境问题依旧突出,尽管人们保护自然的意识在逐步提高,局部生态环境有所改善,但是整体上看生态环境形势依然严峻。新时代以来,随着实践的发展和生产力水平的提高,人民群众的需要不再仅仅停留于物质生活和精神生活层面,绿色生活成为美好生活的底色,这表明人民对生态环境的要求越来越高,这就要求我们必须加强生态文明建设,推动绿色发展,以满足人民对美好生态环境的需要。

第一,坚持以习近平生态文明思想为行动指南。习近平生态文明思想是一个内涵丰富、逻辑严密的科学理论体系,深刻把握了人与自然的发展规律,具有科学性、指导性和实践性的理论特质。坚持以习近平生态文明思想为指导,对于在新时代全面推进生态文明建设,建设美丽中国、满足人民对美好生态环境的需要,提供了行动指南,具有重要的现实意义。

第二,坚持人与自然和谐共生的自然观。这一论断说明人是自然界的一部分,自然界是人类赖以生存发展的基本条件,人类正是在同自然的相互联系中从事生产、生活和发展的。人与自然是生命共同体,当人类基于自身的实践活动需要去合理改造和利用自然时,自然就会为人类提供丰富的物质资料来满足人类的需要。相反,当人类凌驾于自然之上时,自然界不但不会提供满足人类需要的物质资料,而且人类还会受到自然界的惩罚。

第三,坚持绿色发展观。绿色发展观是基于可持续发展思想基础上形成的新型发展理念,推动人们形成绿色发展方式和生活方式,是发展观的一场深刻革命。坚持绿色发展观必须处理好生态环境保护与经济发展的关系,二者之间可能会存在着矛盾,但绝不是对立的关系,二者之间可以并行不悖。习近平总书记用绿水青山和金山银山生动形象地阐明了二者之间的辩证统一关系,我们不能为了追求经济效益而忽略了对自然的保护,也不能为了保护生态环境而不发展经济,要努力实现经济效益和生态效益同步提升。具体来说,一方面,要通过在全社会范围内推广生态文明教育,把生态意识、环保意识逐步外化为群众积极参与生态文明建设的自觉行为,鼓励群众绿色消费。另一方面,加快形成绿色生产方式、生活方式,推动绿色低碳发展,发展环保产业,支持绿色技术创新,推动清洁能源的安全高效利用,持续改善生态环境质量。

第四,坚持系统治理观。生态是统一的有机自然系统,其内部各组成部分之间是相互依存、紧密联系的。推进生态文明建设,实现绿色发展是一项系统工程,必须加强顶层设计,系统协调、整体推进。习近平总书记指出:"山水林田湖是一个生命共同体"①,这启示我们在解决生态环境问题时,要树立全局观念,不能"头痛医头、脚痛医脚",必须坚持用系统论的思想方法看问题,统筹考虑自然生态各要素,坚持统筹治理、系统治理,只有这样才能不断增强生态系统的循环能力,从而维护生态系统的平衡。

第五,完善生态文明制度体系。虽然当前我国在保护生态环境方面已经从多方面做出了努力,取得了积极的成效,但是在生态环境保护中依然存在着一些问题。纵观这些问题可以发现,导致问题产生的主要原因在于体制不健全、制度不完善且落实不到位。因此,在生态文明建设的过程中,首先要逐步完善生态文明制度体系,加快制度创新,增加制度供给,用制度保护生态环境,推进绿色发展。其次要完善经济社会发展考核评价体系,评价一个地区的经济发展不能只看经济效益,也要关注生态效益。最后还要建立责任追究制度,把生态文明建设纳入法制化轨道,让制度成为刚性的约束,以强化制度执行。

生态环境是人类生产生活的必需品,新时代以来,人民不仅对物质财富和精神财富的要求越来越高,而且对生态环境的要求也逐渐提高。苏联著名哲学家弗罗洛夫在其著作《人的前景》中指出:"无论现在的生态环境与马克思当时所处的情况多么不同,马克思对这个问题的理解、他的方法,他解决社会和自然相互作用问题的观点,在今天仍然是非常现实而有效的。"②因此,面对

---

① 中共中央文献研究室编:《习近平关于社会主义生态文明建设论述摘编》,中央文献出版社 2017 年版,第 55 页。

② [苏]И.Т.弗罗洛夫:《人的前景》,王思斌、潘信之译,中国社会科学出版社 1989 年版,第 153 页。

当前我国生态环境的现状,深化对马克思需要理论的研究与分析,将其作为破解现实难题的方法指引,以提供更多优质生态产品来满足人民日益增长的美好生态环境需要。

结　语

马克思曾指出:"研究必须充分地占有材料,分析它的各种发展形式,探寻这些形式的内在联系。只有这项工作完成以后,现实的运动才能适当地叙述出来。"①本书在研究马克思需要理论时,尽可能全面地研读了马克思主义的经典文本,从原始文献中挖掘出所需的材料,在丰富的资料群中,探寻马克思需要理论产生的现实背景与思想渊源、形成和发展历程、主要架构、对以往需要理论的革命性变革、当代回响及价值意蕴,力图从整体上对马克思需要理论作出更为深刻的理解。

马克思对人的需要的思考深邃而科学,其需要理论自诞生以来,一直在社会历史发展进程中不断地得到证实和丰富。他所得出的关于人的需要的科学理论,不仅对于帮助他解决当时所面对的时代难题及社会的发展和人的发展问题而言,产生了深远影响,而且对于今天中国的社会主义现代化强国建设和人民美好生活需要的满足而言,依然具有重要意义。

党的十九大宣告了新时代社会主要矛盾发生了变化——人民日益增长的美好生活需要和不平衡不充分的发展之间的矛盾成为社会的主要矛盾,这一变化表明人民群众的需要同以前相比发生了深刻的变化。党的二十大报告强调,在中国式现代化的全面建设进程中,要继续增进民生福祉,提高人民生活品质,在共同奋斗、共同富裕中不断实现人民对美好生活的向往。基于马克思需要理论视角思考和分析新时代社会主要矛盾的变化,不断提高人民的生活质量,既是在理论层面对马克思需要理论的丰富与发展,也是在实践层面指导

---

① 《马克思恩格斯文集》第 5 卷,人民出版社 2009 年版,第 21—22 页。

新时代中国特色社会主义建设的过程中探究满足人民美好生活需要的价值指南。一方面,从理论发展层面看,通过对马克思需要理论和当前人民美好生活的建构进行对比分析可以看到二者存在着一定的契合性:马克思需要理论是科学认识新时代人民需要变化、建构美好生活的重要理论基础,人民美好生活建构是对马克思需要理论的实践运用与发展。另一方面,从现实社会发展层面看,人的需要呈现出多样性、立体化、高品质的发展趋势。因此,关注新时代人的多样性需要,聚焦人的美好生活需要,防范人的现实需要贫困,建构让人民满意的美好生活是我国改革开放和现代化实践提出的紧迫而重要的课题。

值得注意的是,在新时代的背景下,重新研究马克思需要理论,不是仅从现实问题出发去文本中寻求解决方案,也不是单纯从当代研究的热潮出发去挖掘其思想,而是在扎实的文本研究基础上,结合当代社会发展和人的发展遇到的新情况去重新审视马克思需要理论产生的影响,确立其思想地位,探寻这一理论产生的价值和影响。因此,我们要学会科学运用马克思需要理论审视当代中国人民美好生活需要的满足与发展问题。

此外,我们必须深刻认识到,在现代化全面建设进程中,满足人民群众的美好生活需要,不仅是一个客观问题,同时也是一个主观问题,因为是否能够达到人民群众的满意也涉及主观评价的问题,这就需要提供一个科学的价值尺度引领人的需要合理健康发展。恩格斯在《英国状况。评托马斯·卡莱尔的〈过去和现在〉》一文中指出:"人只须认识自身,使自己成为衡量一切生活关系的尺度,按照自己的本质去评价这些关系,根据人的本性的要求,真正依照人的方式来安排世界。"①简单来说,人的一切活动不仅要遵循物的尺度,还要遵循人的尺度,需要作为人的本性,作为人的尺度,应该贯穿人的全部活动,以此调节自身的活动方式,来满足自己合理的美好生活需要。

总之,今天我们重温马克思需要理论,不仅为我们研究经典文本,尤其是研究马克思思想提供了广阔的视野,而且也为我们正确认识和科学解决新时代人的需要问题提供了重要的理论参考。实践只有进行时,理论永远没有完成时。在推进新时代中国特色社会主义事业的伟大进程中,我们既要善于聆

① 《马克思恩格斯全集》第3卷,人民出版社2002年版,第521页。

听时代声音,深入挖掘马克思需要理论蕴含的价值,也要结合时代发展不断赋予马克思需要理论新的内涵,只有这样才能为在现实生活中不断满足人民的美好生活需要,建构让人民群众满意的美好生活,提供源源不断的智力支持和理论支撑。

参 考 文 献

一、图书文献

《马克思恩格斯全集》第 1 卷,人民出版社 1956 年版。

《马克思恩格斯全集》第 1 卷,人民出版社 1995 年版。

《马克思恩格斯全集》第 3 卷,人民出版社 1960 年版。

《马克思恩格斯全集》第 4 卷,人民出版社 1958 年版。

《马克思恩格斯全集》第 21 卷,人民出版社 1965 年版。

《马克思恩格斯全集》第 23 卷,人民出版社 1972 年版。

《马克思恩格斯全集》第 25 卷,人民出版社 1974 年版。

《马克思恩格斯全集》第 30 卷,人民出版社 1995 年版。

《马克思恩格斯全集》第 32 卷,人民出版社 1998 年版。

《马克思恩格斯全集》第 42 卷,人民出版社 1979 年版。

《马克思恩格斯全集》第 46 卷(上册),人民出版社 1979 年版。

《马克思恩格斯全集》第 46 卷(下册),人民出版社 1980 年版。

《马克思恩格斯全集》第 47 卷,人民出版社 1979 年版。

《马克思恩格斯全集》第 49 卷,人民出版社 1982 年版。

《马克思恩格斯文集》第 1—10 卷,人民出版社 2009 年版。

《列宁全集》第 39 卷,人民出版社 2017 年版。

《列宁全集》第 55 卷,人民出版社 2017 年版。

《毛泽东选集》第 1 卷,人民出版社 1991 年版。

《毛泽东文集》第 7 卷,人民出版社 1999 年版。

习近平:《在庆祝中国人民政治协商会议成立 65 周年大会上的讲话》,

人民出版社 2014 年版。

习近平:《在哲学社会科学工作座谈会上的讲话》,人民出版社 2016 年版。

习近平:《决胜全面建成小康社会　夺取新时代中国特色社会主义伟大胜利——在中国共产党第十九次全国代表大会上的报告》,人民出版社 2017 年版。

《习近平谈治国理政》第 2 卷,外文出版社 2017 年版。

《中共中央关于党的百年奋斗重大成就和历史经验的决议》,人民出版社 2021 年版。

中共中央党史研究室:《中国共产党的九十年》,中共党史出版社、党建读物出版社 2016 年版。

中共中央文献研究室编:《习近平关于社会主义生态文明建设论述摘编》,中央文献出版社 2017 年版。

中共中央党史和文献研究院编:《全面建成小康社会重要文献选编》上,人民出版社、新华出版社 2022 年版。

《哲学·大辞典》修订本,上海辞书出版社 2001 年版。

许涤新:《政治经济学词典》上册,人民出版社 1980 年版。

赵长太:《马克思的需要理论及其当代意义》,河南人民出版社 2008 年版。

郭宝宏:《论人的需要》,经济科学出版社 2008 年版。

韩庆祥:《马克思主义人学思想发微》,中国社会科学出版社 1992 年版。

韩庆祥:《思想是时代的声音:从哲学到人学》,新世界出版社 2005 年版。

韩庆祥、亢安毅:《马克思开辟的道路:人的全面发展研究》,人民出版社 2005 年版。

韩庆祥:《韩庆祥论文选》,中华书局 2011 年版。

韩庆祥:《现实逻辑中的人:马克思的人学理论研究》,北京师范大学出版社 2017 年版。

张檀琴、李敏:《需要、欲望和自我——唯物论和辩证观的需要理论》,经济科学出版社 2012 年版。

许俊达、钟玉海:《科学社会主义的理论与实践教程》第二版,安徽科学技术出版社 2004 年版。

刘同舫:《马克思的哲学主题》,人民出版社 2017 年版。

冯文光:《马克思的需要理论》,黑龙江人民出版社 1986 年版。

陈曙光:《马克思人学革命研究》,中国社会科学出版社 2009 年版。

陈曙光:《"以人为本"的形上之思》,中国社会科学出版社 2017 年版。

薛德震:《人的哲学新论》,人民出版社 2012 年版。

刘荣军:《财富、人与历史——马克思财富理论的哲学意蕴与现实意义》,人民出版社 2009 年版。

高文新:《马克思理论基本范畴研究》,吉林大学出版社 2007 年版。

袁贵仁:《人的哲学》,工人出版社 1987 年版。

袁贵仁:《对人的哲学理解》,河南人民出版社 1994 年版。

袁贵仁:《马克思的人学思想》,北京师范大学出版社 1996 年版。

袁贵仁:《马克思主义人学理论研究》,北京师范大学出版社 2012 年版。

高清海:《人就是"人"》,辽宁人民出版社 2001 年版。

高清海:《哲学与主体自我意识》,中国人民大学出版社 2010 年版。

张承芬、韩仁生:《心理学导论》第二版,人民出版社 2010 年版。

韩明谟、王思斌:《社会学概论》,中央广播电视大学出版社 1993 年版。

贾书章、赵英文:《组织行为学》,武汉理工大学出版社 2006 年版。

俞吾金:《从康德到马克思——千年之交的哲学沉思》,广西师范大学出版社 2004 年版。

俞吾金:《重新理解马克思——对马克思哲学的基础理论和当代意义的反思》,北京师范大学出版社 2005 年版。

俞吾金:《被遮蔽的马克思》,人民出版社 2012 年版。

张有奎:《形而上学之后:马克思的实践哲学思想及其流变》,人民出版社 2013 年版。

仰海峰:《走向后马克思:从生产之镜到符号之镜——早期鲍德里亚思想的文本解读》,中央编译出版社 2003 年版。

郝立新:《辩证思维:新时代共产党人的基本功》,人民出版社 2021年版。

郝立新:《马克思主义发展史:第 1 卷——马克思主义的创立(1840—1848)》,人民出版社 2018 年版。

黄楠森:《人学的足迹》,广西人民出版社 1990 年版。

黄楠森:《人学原理》,广西人民出版社 2000 年版。

陈志尚:《人的自由全面发展理论》,中国人民大学出版社 2004 年版。

康渝生:《马克思主义哲学的人学致思理路》,社会科学文献出版社2004 年版。

张一兵:《回到马克思——经济学语境中的哲学话语》,江苏人民出版社 1999 年版。

张一兵、蒙木桂:《神会马克思——马克思哲学原生态的当代阐释》,中国人民大学出版社 2004 年版。

孙伯鍨、张一兵:《走进马克思》,江苏人民出版社 2020 年版。

孙正聿:《哲学通论》,复旦大学出版社 2005 年版。

孙正聿:《属人的世界》,吉林人民出版社 2007 年版。

吴晓明:《思入时代的深处》,北京师范大学出版社 2006 年版。

吴晓明、王德峰:《马克思的哲学革命及其当代意义》,人民出版社2002 年版。

赵敦华:《西方哲学简史》第 2 版,北京大学出版社 2012 年版。

赵敦华:《现代西方哲学新编》第 2 版,北京大学出版社 2014 年版。

杨祖陶:《黑格尔〈精神哲学〉指要》,人民出版社 2018 年版。

张奎良:《马克思的十大理论创新》,人民出版社 2018 年版。

丰子义:《马克思主义社会发展理论研究》,北京师范大学出版社 2017年版。

陈先达:《漫步遐思——哲学随想录》,北京师范大学出版社 2006年版。

陈先达:《走向历史的深处:马克思历史观研究》,中国人民大学出版社 2016 年版。

程恩富、方兴起、郑志国:《马克思主义经济学的五大理论假设》,人民出版社 2012 年版。

万俊人:《萨特伦理思想研究》,北京大学出版社 1988 年版。

袁雷、张云飞:《马克思传——人间的普罗米修斯》,中国人民大学出版社 2018 年版。

房广顺:《马克思主义整体性研究》,中国社会科学出版社 2012 年版。

袁杰:《马克思人的解放理论与实践研究》,人民出版社 2017 年版。

王让新、李旋:《"现实的人"的理论跃迁:历史唯物主义的深度解读》,人民出版社 2018 年版。

王晓红:《现实的人的发现——马克思对人性理论的变革》,北京师范大学出版社 2011 年版。

张敏:《超越人本主义:马克思与费尔巴哈关系新论》,人民出版社 2011 年版。

朱兰芝:《马克思的哲学批判及其批判哲学》,济南出版社 2018 年版。

王锐生、景天魁:《论马克思关于人的学说》,辽宁人民出版社 1984 年版。

洪波:《马克思个人观研究》,中国社会科学出版社 2010 年版。

肖潇:《马克思人的发展理论及其当代中国论域》,湖北人民出版社 2014 年版。

杨卫军:《马克思的实践自然观及其当代价值》,郑州大学出版社 2021 年版。

钟志凌:《马克思恩格斯关于"人"的理论及当代启示》,西南师范大学出版社 2021 年版。

赵天成、李娟芬:《马克思的幽灵与现实——运用当代阐释学对科学社会主义的新解读》,社会科学文献出版社 2004 年版。

方瑞:《关于现实的人及其历史发展的科学——〈资本论〉语境中的"历史科学"》,人民出版社 2020 年版。

周世兴:《个人的历史与历史的个人——马克思个人理论研究》,人民出版社 2013 年版。

陈刚:《马克思主义理论的当代意义》,光明日报出版社 2008 年版。

沈亚生、李莹、袁中树:《人学思潮前沿问题研究》,社会科学出版社 2010 年版。

董瑞华、唐珏岚:《〈资本论〉及其手稿在当代的实践与发展》,人民出版社 2013 年版。

《黑格尔著作集》第 7 卷法哲学原理,邓安庆译,人民出版社 2016 年版。

《费尔巴哈哲学著作选集》上卷,荣振华、王太庆、刘磊译,生活·读书·新知三联书店 1959 年版。

《费尔巴哈哲学著作选集》下卷,荣振华、王太庆、刘磊译,生活·读书·新知三联书店 1962 年版。

[苏]康斯坦丁诺夫主编:《马克思列宁主义的历史过程理论》,蔡振扬等译,上海人民出版社 1986 年版。

[美]艾里希·弗洛姆:《弗洛姆著作精选——人性·社会·拯救》,上海人民出版社 1989 年版。

[美]赫伯特·马尔库塞:《单向度的人——发达工业社会意识形态研究》,刘继译,上海译文出版社 2008 年版。

[法]让·鲍德里亚:《符号政治经济学批判》,夏莹译,南京大学出版社 2009 年版。

[英]亚当·斯密:《国民财富的性质和原因研究》上册,郭大力、王亚南译,商务印书馆 1972 年版。

[苏]敦尼克、约夫楚克、凯德洛夫、米丁、特拉赫坦贝尔:《哲学史》第 2 卷(上册),生活·读书·新知三联书店 1961 年版。

[美]亚伯拉罕·哈罗德·马斯洛:《动机与人格》,刘晓丹译,团结出版社 2021 年版。

[德]恩斯特·卡西尔:《人论》,甘阳译,上海译文出版社 2003 年版。

[法]让-保罗·萨特:《辩证理性批判》上卷,林骧华等译,安徽文艺出

版社 1998 年版。

［法］让-保罗·萨特:《自我的超越性:一种现象学描述初探》,杜小真译,商务印书馆 2001 年版。

［法］让-保罗·萨特:《存在主义是一种人道主义》,周煦良、汤永宽译,上海译文出版社 2008 年版。

［加］本·阿格尔:《西方马克思主义概论》,慎之译,中国人民大学出版社 1991 年版。

［美］乔恩·埃尔斯特:《理解马克思》,何怀远等译,中国人民大学出版社 2008 年版。

［苏］И.Т.弗罗洛夫:《人的前景》,王思斌、潘信之译,中国社会科学出版社 1989 年版。

［英］莱恩·多亚尔、伊恩·高夫:《人的需要理论》,汪淳波、张宝莹译,商务印书馆 2008 年版。

［英］迈尔森:《萨特与〈存在主义与人道主义〉》,巫和雄译,大连理工大学出版社 2013 年版。

［法］路易·阿尔都塞、艾蒂安·巴里巴尔:《读〈资本论〉》,李其庆、冯文光译,中央编译出版社 2017 年版。

Agnes Heller, *The Theory of Need in Marx*, New York: ST. Martin's Press, 1976.

Agnes Heller, *The Theory of need in Marx*, London: Allision&Busby, 1976.

Agnes Heller, *A Radical Philosophy*, Oxford and New York: Basil Blackwell, 1984.

Jean Baudrillard, *For a Critique of the Political Economy of the Sign*, St. Louis: Telos Press, 1981.

二、其他文献

《习近平在全国生态环境保护大会上强调　坚决打好污染防治攻坚战　推动生态文明建设迈上新台阶》,《人民日报》2018 年 5 月 20 日。

詹成付:《人民对美好生活的向往就是我们的奋斗目标》,《人民日报》2021 年 8 月 11 日。

艾四林:《必须团结带领中国人民不断为美好生活而奋斗》,《人民日报》2021 年 8 月 11 日。

陈志尚、张维祥:《关于人的需要的几个问题》,《人文杂志》1998 年第 1 期。

李连科、刘奔:《马克思关于人性三种提法的内在联系》,《学习与探索》1981 年第 6 期。

李文阁:《需要即人的本性——对马克思需要理论的解读》,《社会科学》1998 年第 5 期。

王全宇:《人的需要即人的本性——从马克思的需要理论说起》,《中国人民大学学报》2003 年第 5 期。

裴德海:《马克思"需要理论"的价值向度》,《安徽大学学报(哲学社会科学版)》2009 年第 1 期。

高海深:《论人的需要的几种特性》,《理论导刊》2005 年第 2 期。

朱志勇:《"人的需要"与需要异化——马克思〈巴黎手稿〉需要理论探析》,《河北学刊》2008 年第 6 期。

马拥军、彭立群:《唯物史观:社会历史观还是一般世界观》,《广西大学学报(哲学社会科学版)》2005 年第 1 期。

马拥军、陈志超:《从需要角度重新审视价值体系概念》,《哲学动态》2013 年第 5 期。

马拥军、毛小扬:《财富与需要的内生关系:对当前中国社会主要矛盾状况的经济哲学探究》,《上海财经大学学报》2014 年第 1 期。

马拥军:《超越对"资本逻辑"的模糊理解》,《福建论坛(人文社会科学版)》2016 年第 8 期。

林彦虎:《需要的本质与新时代人民美好生活需要的实现》,《内蒙古社会科学(汉文版)》2019 年第 4 期。

高清海:《哲学思维方式的历史性变革——论马克思哲学变革的实质》,《开放时代》1995 年第 6 期。

孙正聿:《历史唯物主义的真实意义》,《哲学研究》2007 年第 9 期。

孙正聿:《历史的唯物主义与马克思主义的世界观》,《哲学研究》2007

年第 3 期。

王海萍:《赫勒的需要理论对马克思人类解放理论的丰富与拓展》，《求是学刊》2020 年第 5 期。

杨鲜兰:《论马克思的需要动力思想》，《哲学研究》2011 年第 5 期。

张立鹏:《马克思三大异化生成"人的本质"理论初探》，《哲学研究》2014 年第 10 期。

刘敬东、邱德宇:《〈共产党宣言〉:多重的内在张力——马克思社会历史理论的一个考察》，《哲学研究》2016 年第 12 期。

毛林林:《马克思哲学视域中现实主体的生成:从欲望到需要》，《哲学研究》2019 年第 9 期。

袁贵仁:《人的全面发展学说的新境界》，《教学与研究》2001 年第 10 期。

侯耀文:《马克思需要理论的建构序列及其当代性》，《教学与研究》2020 年第 9 期。

武素云、胡立法:《人民美好生活需要的三重追问》，《思想理论教育导刊》2018 年第 8 期。

汤剑波:《马克思论资本视阈中的"需要"》，《马克思主义研究》2010 年第 3 期。

高峰、胡云皓:《从马克思的需要理论看新时代中国社会主要矛盾的转化》，《当代世界与社会主义》2018 年第 5 期。

袁富民:《美好生活需要:基于马克思人的本质理论的考察》，《中南民族大学学报(人文社会科学版)》2019 年第 2 期。

刘长江:《马克思主义的需要理论与社会主义和谐社会》，《社会主义研究》2006 年第 2 期。

刘世昱:《马克思需要理论及其当代价值研究》，博士学位论文，辽宁大学，2018 年。

于萍:《马克思的需要理论——基于资本论视阈的一种分析》，博士学位论文，吉林大学，2012 年。

李威:《马克思的需要理论——作为人的本性的需要的异化与解放》，

硕士学位论文,吉林大学,2018 年。

仇艳艳:《马克思需要理论及其当代价值》,博士学位论文,辽宁大学,2014 年。

Elizabeth Butterfield, "Sartre and Marcuse on the Relation between Needs and Normativity: A Step Beyond Postmodernism in Moral Theory", *Sartre Studies International*, Vol.10, No.2 (2004).

后　记

2016 年 9 月,我来到吉林大学马克思主义学院马克思主义基本原理专业攻读硕士研究生,其间我开始关注马克思的人学理论研究,并完成了《从抽象的人到"现实的个人"——马克思人的本质理论对德国古典人学的超越》毕业论文。2019 年 9 月开始攻读博士研究生,其间我继续致力于这一研究领域,并将研究主题进一步细化,开始关注马克思人的需要理论,在此期间主持吉林大学博士研究生交叉学科科研项目"马克思需要理论视阈下的美好生活建构研究",并发表相关论文成功结项。由于对此十分感兴趣,于是将《马克思需要理论研究》作为我的博士论文选题。2022 年 6 月博士毕业,我选择留校做一名思政课教师,继续对相关问题予以关注和研究,进一步深化对马克思需要理论的理解,更为细致地发掘其蕴藏的理论价值与实践意义。本书是在我的博士论文《马克思需要理论研究》的基础上修改而成的,主要修改的内容是增加了一个新的章节——马克思需要理论的当代回响,并结合党的二十大以来中国式现代化建设进程中一些新领域的变化进行补充论述,通过阐述马克思需要理论在当代西方和当代中国所产生的不同"效果历史",揭示马克思需要理论在当代的需要理论话语和现实实践中产生的重大影响。

马克思需要理论作为马克思人学理论的重要组成部分,在马克思思想发展史上占有十分重要的地位,对马克思需要理论进行全面梳理与仔细分析是研究马克思人学理论的最基础工作。马克思以历史唯物主义的基本原则解读人的需要,强调需要是理解人的活动和人类历史的逻辑起点之一。在马克思看来,人的需要是一个内涵丰富的范畴,本书从需要即"现实的人"的本性、需要与人的本质具有同一性、需要与生产的矛盾是社会发展的动力、需要是人的自由全面发展的内在动因 4 个方面概括了马克思需要理论的主要内容,这对于我们在 21 世纪全面分析、了解、推动马克思需要理论的研究具有十分重要的意义。当前,世界正处于百年未有之大变局的关键时刻,以马克思需要理论为指导来分析当前人类社会发展面临的困境,探究如何更好地满足人民群众的多样化需要、建构让人民群众满意的美好生活、构建人类命运共同体,是一个亟待阐释的当代中国化的马克思主义议题。

在对马克思需要理论的继续研究过程中,我对该主题有了进一步深入的认识。2022 年 10 月 16 日,习近平总书记在党的二十大报告中从 5 个层面明确阐释了中国式现代化的具体内涵,其中第 2 条就是"中国式现代化是全体人民共同富裕的现代化"。共同富裕作为新时代的现实需要,其不仅是中国人民的需要,也应成为全世界的奋斗目标,马克思需要理论重视"现实的人"的需要,对当前真正实现人类社会进步与共同富裕、构建人类命运共同体具有积极的启示作用。围绕"马克思需要理论与中国式现代化实践"这一主题,我申请了吉林省社会科学基金项目"中国式现代化视阈下共同富裕思想研究"(2023C15)以及吉林大学基本科研业务费"研究阐释党的二十大精神"专项项目"马克思现代性批判视阈下人类文明新形态研究"(SKX2022046)。本书正是在对这些论文和项目研究过程中产生的学术成果,在今后的学习与工作过程中,我将继续对此展开深入研究,以期能够发掘其蕴藏的更深层次的价值意蕴。

马晶晶

2024 年 3 月 28 日于吉林长春

责任编辑:邓浩迪
封面设计:汪　阳
版式设计:东昌文化

图书在版编目(CIP)数据

马克思需要理论研究/马晶晶 著. —北京:人民出版社,2024.6
ISBN 978－7－01－026609－1

Ⅰ.①马…　Ⅱ.①马…　Ⅲ.①马克思主义哲学-需要-理论研究
　Ⅳ.①B0-0

中国国家版本馆 CIP 数据核字(2024)第 108089 号

马克思需要理论研究

MAKESI XUYAO LILUN YANJIU

马晶晶　著

人 民 出 版 社 出版发行

(100706　北京市东城区隆福寺街 99 号)

中煤(北京)印务有限公司印刷　新华书店经销

2024 年 6 月第 1 版　2024 年 6 月北京第 1 次印刷
开本:710 毫米×1000 毫米 1/16　印张:11.75
字数:186 千字

ISBN 978－7－01－026609－1　定价:78.00 元

邮购地址 100706　北京市东城区隆福寺街 99 号
人民东方图书销售中心　电话 (010)65250042　65289539